China
Will Collapse in 2031

目　次

推薦序

／城仲模（台灣法治政策研究基金會董事長）

　　作者世榕兄與我初識於 1960 年代中期，在日本東京；我們的話題都聚焦於佔據故鄉台灣的外來政權：中國國民黨威權專制獨裁統治；也非常關心海外台灣青年的政治性組織與主張。因為這一層關係，讓彼此經常天南地北談論世局的詭異與突兀，也自然地培養了深厚的海外遊子真誠莫逆之友誼。其後，世榕兄遠飛美歐深造，我亦赴歐美遊學，雖然未再有機會碰面，但書信賀卡不斷，卻也孵育深沉信賴與砥礪志節的交情。

　　1970 年代伊始，我自美國返台不久再次會晤了久違的老友世榕教授，他非常著力於勞工等社會生存層面的基本人權之建制；尤其傾全力在「亞洲協會」（Asia Foundation）裡慎擇菁英至美國學習深造，也鑽研平民法律服務理論與實務

（Legal aid），不出幾年績效卓著，對於尚處於戒嚴、白色恐怖肅殺氛圍的時期，的確爲台灣促進民主、自由、法治與人權的奠基，做了一介知識分子實踐重大而該當的社會責任，讓台灣上空政治性烏煙瘴氣的濃雲密佈裡，顯露了一道奇異的曙光。

世榕兄是一位智商遠超尋常，未被致命洗腦的睿智醒悟者，懷有高尚品味、深富哲理幽默的讀書人，他自信、自尊、好動又善於調侃政經社會文化等世事的失智好笑；傾心全球、操心亞太、關心中國、擔心台灣，因此，才於 1996 年 10 月毫無預警地磋磨出未來中國最理性的演變，促成《和平七雄論》一書的問世。當然，這本作品的立論，既非科幻性漫語、也不是鏗鏘實據的科學性導讀，卻是由衷鑑往知來，彙綜人類歷史記錄、中國歷代興亡起伏記載等經驗法則的大膽預言。整整二十一年後，當他的摯交親友都以爲他早已另闢其他新境界的課題續予抱頭鑽研之時，方知他從未中輟對中國的聚神貫注，更進一步地，也更完整地把中國官宦們心底最不願看到的悲哀情景，綜理了出來，屈指詳估他們將在 2031 年崩

潰。

　　俗諺稱：「一切萬法不離自性，自性能生萬法。」任何
一個人，對於任何人、地、時、事、物的觀察體會，從鉅像
到細微，雷同者或有之，完全重疊相同者是不可能存在的。
其道理很簡單：人類歷史過程輒受住居天候地域產物及複雜
人際關係所決定，極不容易尋覓恆久堅穩的定律。舉例來
說：十八、十九世紀法國高舉「自由、平等、博愛」，其後
英國一頭栽進「自由貿易」，二十世紀美國高唱「民主、法
治」，而二十一世紀全球性豎起國際和平的大纛（以上皆與
精神面、建立制度有關）；另面體察，十八世紀歐美陶醉在
雙 R（Romantic Movement and Right：浪漫風潮與人權至上；
或 Riot and Raidway：烽火連天與興建鐵道；以上皆與精神
面，物質面有關），十九世紀熱中建置雙 W（Warship and
Weapon：戰艦與武器；全係物質面的），二十世紀全球性追
求雙 B（Benz and BMW：均爲德國名車；物質面及精神面、
科技面），二十一世紀人類遙望雙 V（Value and Vision：價
值與願景；精神的、文化的、心靈的）。

1905 年滿清政府保守派以慈禧太后帶頭提出「五不議原則」——軍機處事、內務府事、八旗事、翰林院事及太監事均不議，這是爲了確保國家權力壟斷於滿族皇室手中，以永保統治階級的特權掌控；2013 年習近平指示各大學等機構「七不講訓令」——凡普世價值、新聞自由、公民權利、中共歷史錯誤、權貴資產階級、司法獨立，及公民社會等七大項事跡，均涵蓋性地不准講述探究。今日中國已強大到世界序列第二，已非睡獅或病夫；回眸歷史的瞬息萬變，中國究將選擇導向文化典範或建軍強國，繫於一念之間；禪宗信仰上曾有「非風動、非幡動，是心自動」之說，即可應證。以上所舉不同時代風潮下所突出的議論，頗值世人警惕。

日前世榕教授面遞本書初稿予我，並囑咐作序，我回以讀後即寫。總花了兩個深夜，就像拜讀博士論文的謹慎專注，將字字珠璣，句句脫俗的篇章各節一口氣批註、做筆記唸完。這本大作，含「後記」共十篇，有約略性敘述，也有詳密論斷，既應用一般社會科學「歸納法」（實質推論），亦精細使用自然科學「演繹法」（形式推論），從中國政經、社會、歷

史、文化以至於軍事武備、強盛軍國掛帥思維,進一步涉論中華民族主義、國土、主權觀念與蠻橫不遵守國際規約態度、歌頌義和團愛國精神、共產主義與資本主義混合蛻變演化而成的「具中國特色的社會主義」,都活潑跳躍載記論列在字裡行間。

今日中國,在表象上似是抬著孔孟儒術以求「托古改制」;大學八條目「格物、致知、正心、誠意、修身、齊家、治國、平天下」依然是黨國教育上、黨政國務上的至高國策指標與夢想境界,殊不知西洋人至少花了四五百年的心血,認真務實地鑽研諸種必備的社會科學及自然科學,如何去填補「修身」到「齊家」這一段既遙遠又有艱困斷層的過程;實在真如早年魯迅《阿 Q 正傳》(1921)、柏楊《醜陋的中國人》(1985 年)的指摘,中國社會文化的停滯狀態何其沉重。只要是二十一世紀的現代人都深悉「脫古改造」之必然性,哪有一兩千年來都未再孵育出世界級公認思想家、哲學家的中國?以當今的國家潛力,都仍不知道趁這千載難逢的機遇,趕快去栽培更多全新文明世代的文化哲人?

對於當代中國，正反面不同推估研判的作品早已盈門堆山，果若平心靜氣，用科學的、客觀的觀察論斷，在台灣這裡的人應被認為最具資格，因為已和中國國民黨攪和了七十餘年，也在中國共產黨境內至少五十年明暗處融入交會；我們將心比心，深諳近二百年來西洋列強對中國的侵犯霸凌，讓數億人民極度受罪痛楚，可是真沒意料到今日卻顛倒過來讓乾坤易位，中共用那猙獰面目，逼迫、威脅與恐嚇世人（包括原本與中國人毫無世仇瓜葛的台灣人），必須聽其唆使擺佈。世榕教授在大作中說出了許多日常生活裡都感應得出來的常識性人生經驗談；讓閱讀者心中頻頻舒暢叫好，暗自欣慰終於有人出來說實話。他認真觀察、用心理析周遭環境，許許多多情狀點滴不漏地編撰進去，其出發點是善意的，是出自肺腑真誠的良心發抒。雖然有不少關鍵處是用「據說」卻無註釋地帶過，稍嫌不夠科學性，但並不影響全部原著所擬表達的精緻推理判斷。

　　我實在希望世榕教授的人膽假設是錯誤的，可是若有人史觀狹隘，故步自封，思慮欠周，恢宏寰宇氣度不足，偏偏

要逆天胡搞，跳進夢幻陷阱，竟致世榕教授被公論界提升為世界級大預言家，那我們只好順天行健，祈盼 70 億人類平安無事。

推薦序

／張家春（中國文化大學勞工關係學系副教授）

　　王世榕老師是我尊敬的學者，對於他囑咐我來寫推薦的序文，讓我感覺倍受尊崇。然而對於「中國崩潰」，我個人卻有一些戰戰兢兢不同的看法：歷史是一些偶然與必然融合而成的結果。如果不是全球化的浪潮，中國絕對無法如此迅速的崛起；如果不是美國走向封閉，中國又如何能取代美國在國際的影響力。

　　我們研究歷史及未來學的學者，通常是提供某個角度的觀點，來做為施政者的參考；而文明的成熟度，也決定於對於這些批判的接受程度。如果中國的執政者能夠接受王老師的著作在中國發行並且接受批判，那麼我認為中國就可能不會趨於崩潰。相反的，如果中國執政者對於王老師的言論視同水火，再一次的封殺及禁止，那麼就提供走向崩潰的一些

必然條件。

　　歷史的必然與因然，取決於執政者的智慧與外部的機遇。天佑人類不趨於滅亡，中國崩潰論是一個警鐘，智者當聽之。

自　序

　　1997，在經過文革十年的浩劫之後再過十年，老將鄧小平終於出掌大局，開始「改革開放」。不改革，準死；不開放，那就再薙髮，回到古代吧。因此個人不揣鄙陋，寫出些看法，書名叫《和平七雄論》，希望中國的未來領導班子記取中國幾千年的教訓。中國在「宋朝」以前，還有一點東西對世人有點貢獻，所謂的四大「發明」和相對和平安定的小農生活。至於皇權至上的大帝國起起伏伏，幾乎無年無日的殺戮（古來大帝國的特色，東、西方皆然），獨尊儒教因而窒息了帝國的生命力和應變力那就更不用說了，乃是「必要之惡」。宋以後中華帝國只能耍耍嘴皮子。其實，政治僵化，經濟走下坡，這是中國的真正面貌，至於後來一些腐儒還在辯稱截

至鴉片戰爭前，中國尚握有世界一半的白銀，白銀來得快去得也快，真是信口雌黃。十九世紀，西歐社會已經大不一樣了，已然崛起，不再是騎士僧侶的封建制度社會；相對的，中華帝國早已成笑柄。只是身為當事人的中華帝國讀書人不知，仍在猛抽鴉片，病態地欣賞中華仕女們的美麗小腳。

1997，世人已看出中國好像逐漸多少建立自信，但在中國往何處去的大方向上，中國似乎仍不知所措，似乎仍隨波逐流，保住政權成了唯一要務。當時的心態是管他往左往右，已走投無路，只能摸著石頭過河了。

個人以為中國要定下心來，真誠檢討過去，認真了解自己（national identity），了解中國大陸此一大塊陸地上，是否有必要維持一個帝國的存在？《和平七雄論》書中再三指出，中國有必要好好思考過去統一一半、分立一半的歷史。中國共產黨敢不敢大膽放手，讓中華帝國徐徐「打散成七個獨立的國家」，讓中國大陸上幾千年來第一次主動地散發和平的空氣，第一次在此塊大地上各地區人民尊重對方，第一次學習合作。在「中央政府」的精心策劃下，十年，卅年或五十

年，由老舊的大帝國和平地、慢慢地演變成七個國家。我在該書中說，有的國家可以不採行皇權至上的天子主義；有的國家可以推動民主政治看看；有的則試圖建立左派的烏托邦國家……。建立時期長短不論，現在或未來五十年內都可以。只要各地區／各國提出行動表（PERT），一個時間表以及一紙和 1997 年時的中央政府共同簽署的合約即可，保證支持以和平方式建立獨立自主的國家。當然，為了表示對國際社會的尊重，第三個表則由聯合國再加以確認並保證一旦有事，將出面調停，和平解決。當然，這只是「書生之見」，但在「言論自由」的大纛下，提出來 Brainstorming（集思廣益）一番，應當對當時徬徨的中國領導分子有點幫助。可惜，宛如「石沉大海」，而我也「嚇得」從此不敢再去中國遊歷。

　　二十年又匆匆過去了。中國已由當年的「不知我是誰」變成了至少是響叮噹的義和團愛國分子。中國在國際上該如何自處或與他人互動，雖仍然生澀，但是，走上軍國擴張主義，學學當年日本大帝國的作法，總是不錯的選擇。殊不知當年日本帝國是要建立一個大東亞共榮圈，來向當時的西方

殖民帝國相拮抗，證明亞洲人也是有資格當殖民者的，也是有資格建設一個令西方稱羨而無法染指的共榮圈。

令人訝異不止的是，今日中國雖步上當年日本大帝國的擴軍道路，卻遲遲未能提出令世人和西方耳目一新和願意追隨的願景。十八、十九世紀法皇拿破崙沿來的自由、平等和博愛的法國大革命口號和布爾喬亞（資產階級）的理想，十九世紀大英帝國提出的自由貿易，甚至二十世紀的美國也致力於民主的推動。但是二十一世紀的中國呢？提出什麼理想來帶領大家？取出孔家店應景？不可能吧！中國怎麼會變得這樣？

近卅年來，中國的一舉一動，都牽動著世人的神經。「進步」太神速了，經濟成長率太快了，龐大市場、人口，以及聰明勤奮的中國人，一下子在 2010 年就將中國打造成世界第二大經濟體，把日本比了下去。一些好事者還鼓譟，說在不久的將來（二十年內，約在 2030 年），中國將會超越美國，成為世界第一大經濟體。但一個如此神速成長的經濟體（至今中國每人平均 GDP 尚未達 9 千美元，世界排名還遠遠

落後），卻由幾千年來的老專制體制和腐朽的儒家（儒教）思想在指導和運轉，一群只知官商勾結的人治關係系統竟然要在人權盛行、平等盛行的民主法治社會裡開花結果？天下有如此違反科學和常識的定理或事情嗎？爲了達成兩大目標（2021 年建黨百年和 2049 年建國百年），中國駕著這部附加上神奇馬達的老馬車飛馳。「心浮氣躁」之餘，又拿著民族主義、愛國主義做成的鞭子，在鞭策前進，中國已瘋狂得把自己變成土匪，而把人民逼成義和團。中國人的老毛病發作，精神分裂了。中國已發瘋了，這就是個人寫本書的初衷。中國會清醒否？我看不會。

2017/8/30

8 p.m

於峨嵋山居

第一篇

韜光養晦，和平崛起

第一章　韜光養晦

　　時序進入二十一世紀，人類歷史上最偉大的一幕，竟然出現在中國這一塊大陸上。從二十世紀初外來的蠻夷統治者（即大清帝國），在整個價值體系和政經體制全盤崩潰後，再歷經不到半世紀的軍閥混戰、日本侵略和國共內戰，中國共產黨領導的中華人民共和國終於在 1949 年勝出。而之前的

中華民國則由潰敗的蔣介石逃竄至台灣，企圖東山再起。之後不到一甲子，中國締造了傲人的成績和偉大的一幕。不過這偉大的一幕卻是用中國人民的血淚所締造的。而這一幕，是實是幻，現在仍未可知。

　　話說可憐的中國老百姓，1949 年之後在中國共產黨的統治下，歷經所謂的「階級鬥爭」和改造，大躍進和十年文化大革命（1966-1976），「五千年」的「文明古國」，被整得死去活來。然而之後不到四十年，中國的經濟建設和全面發展（national development），卻讓世人瞠目結舌，不管你是誰，你是工業先進國的，還是開發中國家的，不論你是反共的，親共的，左派的，右派的，也不論你是知識分子或不是知識分子……，你都不得不佩服這一人類發展史上的大奇蹟。

　　一般說來，這要歸功於當時主掌黨軍政大權的鄧小平副總理（兼軍委會主席），他的主張很簡要，一是與民休息，像歷代的中國開國君主一樣，盡量恢復元氣，安定下來再說；其次，既然毫無科學根據、理論基礎的各種運動，「土法煉鋼」式的良方已告不治，只有採取開放政策，多多與先進各

國請教，「管他是黑貓白貓，只要會捉老鼠的貓就是好貓。」因此，既然已不可能再去同樣搞社會主義的蘇修取經，那麼唯有朝已取得成就的老牌資本主義國家取經——特別是財經專家的意見是絕對要聽，要做筆記的；資本主義國家的資金和技術更是重建中國所必需。當然，一定要埋頭苦幹，要採韜光養晦立場，也不必再與蘇修對幹，與印度搶當第三世界老大，更不要再輸出毛澤東思想到世界各地興風作浪。總之，主張改革開放，全國上下一心，埋頭苦幹。

第二章　和平崛起

天可憐見，改革開放後，海外的華裔企業家紛紛挾資懷技進入「祖國」中國，連一向不對盤的台灣商人們也在六四之後，陸續前進中國；不寧唯是，連一向彼此競爭慘烈的東亞四小龍，和亞洲的日韓、澳大利亞，也都搶灘中國，不吝將技術和資本投入中國。只要帶來資金，帶來技術，就是帶

來工作、職業、安定和發展。隨著社會的穩定，經濟的復甦，特別在 2008 年全球股市大動盪之後，歐美等地的資金更是紛紛進入中國。而拜開放交流政策之賜，一些海歸派（年輕的中國留學生，所謂的歸國學人）也陸續回國奮鬥。一步一步地，在 2010 年，距離六四大屠殺還不滿二十年時，中國的經濟規模超過日本，成為世界第二，僅次於美國，多傲人的成績！中國已儼然成為第三世界邁向工業先進國的模範生了。

然而這種令人驚豔的經濟成果，主要的支撐力量，基本上還是來自國家。換言之，即由共產黨所領導的資本主義體制所建立的。西方的資本主義由下而上，由中小型企業在自由公平的競爭體系中，在財產受到政府的保護中，一步一步地發展上來的。由中小型企業，往上到區域性企業，再跨越國界成為跨國公司，到然後，才成為大型的跨國企業，在最近數十年拜全球化趨勢和風氣之賜，匯成幾乎可以左右世界政局的跨國大企業。這些跨國大企業，全球迄今也不到千家而已。然而光以資本而論，目前世界十大跨國企業，中國就佔了四家（註 1），關鍵即在中國走的是黨國資本主義制度，

以黨國全國之力，拉拔國內國企（soes）和具特殊關係的大型企業（一般說來，企業主或經營者與黨國大老們具血緣或利害關係），在舉國爲後盾下進軍國際，縱橫業界。以資本主義的跨國功能和現代機制，輔以黨國之特殊（patronage）關係，再加上中國數千年來代代流行的血酬人情關係（註2），此即有名的具中國特色的社會主義經濟制度。老實說，這一套發財的利器，讓非洲和拉丁美洲的強人總統，垂涎不已。

在這類「新型」的經濟體系下，即現代的經濟金融和管理，加上一如古代中國的中央機構的大力支持，如果再輔以血濃於水，利害一致的血酬關係，在傳統的三大文化支柱支持下（註3）。一條中國經濟巨龍就沖天而起了。坦白說，光鮮的成果可以預期。在這些中國大型跨國公司中，哪一機構與最有權勢的中央官員（黨員）具有關係，那個人的後台就最硬，那個人就能呼風喚雨。然而，這種與西方的資本主義「完全」不同操作哲學和生長土壤的經濟制度，眞能長治久安，安然無恙？

習大大上台後，大力反貪反腐，一心想將「土壤」的汙染祛除，努力以公平的法律來使社會恢復再生的功能，其原因即來自於上述的經濟體系。但是我們還要質疑的是，被古老文化的血酬特權關係所汙染和破壞的經濟制度（即土壤），真的能用公平正義的法治來加以清洗？在一個從沒有現代化法律概念和制度存在的中國社會，在鼎革後的百年騷動和戰爭（內戰）肆虐的現代中國，真的可以一下子變成現代人，一下子具現代世界的普世價值觀念（註4）？我們的看法是，一來中國人不是傳說中的仙人，一百年的時間要安裝一個新的靈魂，由落伍迷信的死老百姓，一下子要翻身成爲現代守法的公民，這怎麼可能？歐洲人民奮戰了五百年，才養成的人格（personality）和守法的社會，一百年來一直在醬缸中浮沉的中國人怎麼可能「換性」得如此順利。更不用說中國自「盤古開天闢地」以來所存在的部落專制制度和虛僞的儒家社會，早已將人民馴服了。中國共產黨說未來幾年後的二個百年目標一定要完美度過，好好慶祝，讓中國此一大國和平的崛起：

目標一：中國共產黨建黨百年，即 2021 年。

目標二：中華人民共和國建國百年，即 2049 年。

　　但能安然度過？值得我們這些局外人觀察和深思。路只走了一半，就轉彎，目的地如何達成？

註　釋

世界十大企業，中國的國營事業就佔了四位（2015 年）。
而中國的 200 大（SOEs）國營企業 2015 年時佔世界市場的百
分比，請參考以下表格，引自 *The Economist*, 22, July 2017, pp.
56。

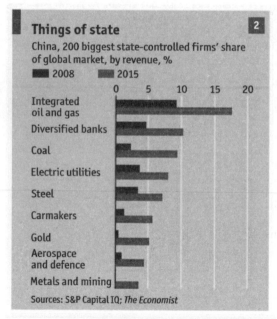

——註 2

〈血酬定律——是主宰中國社會的最高原則〉，載《民主視野》，2017 年夏季刊。

——註 3

傳統的三大文化支柱，指的是中國幾千年賴以維持其獨樹一幟的專制政體、停滯社會和超穩定的人格特質。

——註 4

習大大正式拒斥現代或西方的核心價值，此即他有名的「七不講」訓示。

此七不講出自「中央第九號文件」，即「關於當前意識形態領域情況的通報」，是一份黨內主管意識形態部門為了加強輿論控制而印製的內部通報。主要內容就是那臭名昭著的七不講。2013 年 5 月中旬，中國各大學收到七不講指示，站在統一中國、統一台灣和抗衡西方理念下，不得講述討論以下七項題目：1. 普世價值；2. 新聞自由；3. 公民社會；4. 公民權利；5. 黨的歷史錯誤；6. 權貴資產階級；7. 司法獨立。

第二篇

中國夢

第一章　大國崛起

　　在鄧小平主政下，中國逐步走上市場經濟，在海內外「華人」的協助下，以及 2008 年世界金融風暴過後的大量外資湧入下……，奇蹟似的中國，經濟發展居然飛躍成長（特別在沿海地帶的基礎建設、城市建設和高科技的工業和資電建設，突飛猛進）。2010 年一下子一躍成爲世界第二大經濟體，趕

過日本，僅次於美國。正如一些「國際友人」的讚語，G2 時代即將來臨，將來是中美兩國的天下，說不定，中國遲早趕過美國。

可惜只有經濟建設一枝獨秀，中國雖成了第二大經濟體，但同時卻也只博得一些毀譽參半的名聲。譬如，一方面中國是「世界工廠」，是投資大國，也是援外大國（為了戰略和經濟持續發展的需要，大量投資和「無私援助」非洲、南美洲，甚至南海中的蕞爾島國等等的開發中國家）。中國也同時成為軍事大國，不僅如此，還進一步大量輸出武器，成為全球第三大輸出國，只敗給美俄。接著也因戮力發展航太工業，俾因應未來太空站的需要，中國也成為航太大國。

不幸的是在另一方面，在急速發展的衝刺中，中國也同時被謔稱為汙染大國、駭客大國，更是工業間諜大國。又隨著權貴子弟紛紛留學，特別是到英美日三國，中國也被封為留學大國。可見改革開放以來，中國「進步」得多快、多猛、多雜，是正面抑或負面，那就看從哪個角度和立場發言了。

有了錢，走路不僅有風，講話也就大聲。首先，走上軍

事大國美夢，擬建設全球規模的藍色海洋力量。2010 年時，中國的外交部部長楊潔篪在 APEC 會議上，向大會嗆聲：「南海 140 萬平方海哩海域，如同西藏與台灣，可是中國核心價值。」海軍將領如何向美國太平洋海軍司令，「開玩笑地」宣稱：「太平洋夠大，大到足可讓貴我兩國共同遊弋，檀香山以西歸我們，偌大的檀香山以東歸你們，如何？」

　　2012 年的中共第十八次全國代表大會（註 1），上任不久的習大大就宣佈由大國的和平崛起，正式走入中國夢的構築，並宣稱二十一世紀中國時代的來臨。習大大慎重宣佈中國夢要達成三大目標──「第一：經濟騰發，環境提升；第二：公平正義，民主法治；第三：富國強兵，世界和平」。原來，中國的經濟和軍事建設乃是為世界和平的目標而來的。他同時重申「把中國特色社會主義社會，推向前進，實現中華民族復興」，進一步，他又提出具體步驟和三願望，即有名的「三步走」目標。「2021 建黨百年，建立小康社會；2049 建國百年，實施中國特色社會主義現代化。總之在二十一世紀，達成中華民族的偉大復興。」

第二章　中國夢

首先強國建軍。（註2）

從 2000 年起，一連串的軍事改革就開始發動，經費也逐年大大地增加。依美國國防部 2015 年 5 月 8 日發佈的中國軍力報告，台、中軍力失衡問題已經相當嚴重。依中國官方公佈的軍費，十年來已成長十倍。依美國國防部估計，中國2014 年軍費開支依通貨膨脹調整後爲 1,363 億美元，比俄羅斯的 763 億美元高出一倍，更是台灣 103 億美元的 13 倍。如果加上通常隱藏性的國防支出，估計中國在 2015 年的軍費實際數字應該至少要再加上現有的 30%，即到達 1,773 億美元。

2015 年，習大大終於出手大力整頓，建立三軍協同作戰體系，裁減陸軍30萬人，俾便挪出經費支援其他改革和擴軍。並在黨內的軍事委員會外再成立最高的「軍事改革小組」，自兼主席，對內展示決心。

今（2017）年八一建軍節的大檢閱，第二度特別在內蒙古的大草原舉行，以對外展示力量。

八月初旬中印在不丹邊界對峙，習大大即刻火速調動機動部隊趕赴現場，擺出「試試看」的架子。又，近八月中旬，各式軍機六度環繞台灣飛行，十足表明「不怕挑釁，有種放馬過來」架勢。

　　除此之外，中國近幾年與日本「爭奪」釣魚台及其附近海域，也是無中生有的故事；聲稱南海為中國固有領土，不顧環海諸國的反對，硬是要打破「現狀」，插一腿。說穿了，擺明了就是老子說了算，你要怎樣？

　　以上諸種違反國際法和國際慣例的囂張行為，宣洩出所謂「和平」建軍，建軍強國的目的就是打破美國獨霸此一地域的現狀，老子就是要分一杯羹。中國在有錢有力之後，露出如此土匪行徑，真是大開世人眼界。

第三章　強國夢

中國的種種挑釁行徑，如果沒有經濟實力是不敢輕舉妄動的，尤其若沒有軍事力量在近十年來的大幅成長，中國也不敢如此囂張；但如果沒有美國近幾年來軍力的「衰退」和溫吞的外交，料中國也不敢如此大膽。不過，這種悍然走上強國強兵，走上軍事擴張和流氓的行徑，如果沒有背後狂熱的愛國主義和民族主義做後盾，中國會在這十幾年來像發瘋似的到處強出頭，到處霸凌他國？

到底是什麼樣的意識形態或者信念讓中國可以如此「義正詞嚴」地指責人家而從不反省自己？中國要介入世局而又不肯負擔義務或盡到做一個大國的責任。譬如，中國慷慨投資或援助非洲國家，表面上不附帶條件，事實上，卻是當地勞力及資源被中國剝削，而當地也提供了中國過剩資金和中國勞工就業的另一個出路。中國投資或援助不附帶人權改善等的條件，意思是說，中國「助紂為虐」，支持落後的獨裁政權以及欺凌當地人民？

中國到底將以什麼樣的願景或理想帶領世人？十八、九世紀的法國以其布爾喬亞（資產階級）的近代文明，十九世紀英國以自由貿易，而二十世紀美國也好歹提出民主。如果中國認為二十一世紀是他的世紀，那麼他以什麼理想或夢想來領導世界各地人民？1840年以來遭受的「國恥」？抑或是中國近年來又翻箱倒櫃地請出的孔夫子？

明明是一個不折不扣新式的中華帝國，偏偏又扭扭捏捏不肯承認，自認為不過是和平崛起中的大國而已。

崛起過程中或許和平，但崛起後卻一點不和平，到處惹事，到處丟人現眼。這到底是怎麼回事？古老的中華帝國，難道真的無法走上和平、民主、自由人權的康莊大道？這種說謊不臉紅，一副惡人先告狀的惡劣行徑，真令人百思不得其解。

以下我們試著從中國的體質或本質，或深層的民族性和文化來嘗試析解這百年中國因應現代社會的無能醜態，和今日中國共產黨在醬缸文化中掙扎，被世人喻為不可理喻、忝不知恥，或竟然是一個十足的大壞蛋的原因。

註　釋

——註1

　　本書原稿完成於 2017 年 9 月，出版於中共十九大之後。鑑於三個半鐘頭的習大大演講，了無新意。因此本書未做因應和更動，作者特此註明。

——註2

　　請參考蔡明彥教授撰〈中國「強軍夢」對台海安全的影響〉一文，發表於「南海爭論與亞太區域和平」國際研討會，載《台灣安保通訊》第 40 期，2017 年 1 月 20 日出刊。

第三篇

認識中國（Chineseness）

　　民運作家余杰先生曾經在今（2017）年 3 月 17 日的《自由時報》發表一篇文章〈2017 年的義和團〉，開頭就慨乎言之的引用了一位學者的一句話做為文章的開場白：「一百多年過去了，中國還是老樣子。上面是慈禧太后，下面是義和團。」

　　的確，大清帝國這一異族統治的帝國雖於 1911 年被推翻了，但清末民初的一點點反思和自由主義運動，被 1949 年後的一連串反右運動澆熄，大飢荒和文革，弄得中國心靈更加荒涼，經濟更加蕭條。鼎革後大家搶做老大，統一中國，而中共

建政後則出了個中國史上至少前三名的專制「帝王」毛澤東。之後的鄧小平和今日的習大大，哪一個不是以名義上的共產黨政治的集體領導，骨子裡行的是一人獨大的帝王集權。

第一章　天子主義

　　說白了，中國歷史五千年來實行的就是皇權至上的天子主義。換言之，就是由一名代天巡狩和統治萬民的天子來主宰神州。這位天子，權力至高無上，手握生殺大權，他的政績與天象天災也絲絲入扣，相互呼應。這名天子的皇權當然由他的家族（即皇族）綿延不絕的治理。整套制度則由百官組織而成，即透過儒家教育和修養所獨特形成的士大夫階級來協助管理。然而，帝國只負責中央政府，地方上則由中央政府直接控制和派遣的縣太爺父母官出面管理，實際上則由下級的士大夫和地方的大家族來真正管理地方上的事務。

　　社會上由士農工商四大階層分別依其身分戮力工作。理

論上這四大階層可以自由平行和上下流動，但實際上，農夫之子恆爲農，甚少跨行流動。士農工商彼此都只能維持溫飽而已，誰也沒有餘裕進一步受更深的教育（教育不普及外，那些經書的記載文字，拗牙結舌，宛如天書）。如有機會更進一步考取功名當官，一旦當官三年，雪白銀子就算不大貪汙也能累積數萬。從此在家族的支持下，擠入統治階級。沒考取進士，而只考取舉人和秀才，只能在地方上墊高身分，協助父母官，從而進入地方上的上層或廣義的統治階級。商人則乖乖做生意，一旦錢財盈筐，那中央政府準介入而被迫退回小工商階級之行列。至於農民，數千年來的小農經濟制度下，只能一輩子當被統治者、被剝削者和當兵，他與中央政府的關係只要繳稅就是了。

　　五千年來，中國就是在這樣的「不動如山」社會裡度過的。整個的政府組織由天子負全責，而天子則由經常分派結黨的官僚輔佐（明清則廢丞相而天子自理），國家大事原則上委由官僚負責。到了清代，統治者滿人（即旗人及包衣）則獨立出來，不納入被統治者的「司法系統」，而由皇家的

宗人府處理。總之，普天之下，莫非王土；率土之濱，莫非王臣。所有的錢財、人員（士農工商）、全國所有的資源，理論上，完全爲天子所有。社會上各個人等、各個職等，身分地位和年齡，一一規定，不准躐等。秩序井然，國泰民安。

在如此「百分之百」的獨裁專制的天子體制下，從大一統天下的秦漢以來，一直流傳和採用到今天，並且誤認大一統才是常態，統一此一大陸上的萬民，才是正道，才是盛世。

不僅如此，在儒家團體主義的理論和教義下，個人努力修身的目的即在融入家族，進而服從天子，隨時爲君王和家族（好聽點，社稷）獻身。國家或皇朝不可一日無君，努力記住自己的身分，只有光宗耀祖才可能有出人頭地的機會，唯有讀書，從書中才能明白做人；也只有努力讀經書參與科舉，才能眞正翻身，做一個社會上人人稱羨的人上人或上等人，從而加入統治階級。至於成爲皇族或貴族，那是沒指望的，除非，每隔二、三百年，統治的皇族終於在集權統治下產生不可避免的缺失或／和加上外族入侵、天災人禍等因素因而被推翻，從頭再建立另一個少數的同／異姓皇朝，再立

一位新的天子，不然皇族之身分無望。

　　每隔二、三百年，腐敗等因素自然會導致異族外來殖民統治或同族的內部政變。因此二、三百年之後，爭奪皇權的殺戮，其後的與民休息；和天下底定後的腐敗，再導致另一輪爭奪皇位和天下，乃是中華帝國的經常和正常戲碼。在這專制的帝國統治下，內在的濫權、內鬥，或外在的外族入侵和天災人禍，乃是必然之事。這種不受制衡（check & balance）的極端權力的下場就是如此，權力的失去和交由另一批人掌控，大家輪流做皇帝乃是常態。更糟糕的是，支撐這種集權統治制度的基本理論和風俗習慣，竟然是進入春秋戰國之前的一些古老的神話和習俗。這些初民社會或部落主義（tribalism）在儒家的尙古主義和尙德主義下，被吹捧爲天子理當學習的典範。

　　夏朝乃第一個脫離小部落酋長制的朝代，而首先建立起稍具規模的國家型大酋長制，世襲制正式確立而奴隸制也告正式制定。當然此時仍是初民社會，商朝更是鬼神巫覡盛行。到了周代，孔子雖不談鬼神，但他歧視女性，自詡華族高人

一等，堅持華夷之分等等，都造成了爾後數千年來中國文化主流。這個主流文化不斷「發揚光大」，說穿了，就是現代的中國人仍然綁住在滿腦子古老的野蠻思想裡而無法進入現代思潮。家族第一，那麼為維護家族利益和榮光，說點謊，耍耍手段，也就可以理解和原諒了。影響所及，原始的部落主義成分一代代的傳承下來，鞭屍、挖祖墳、滅九族等等違反人權人性的制度和風俗就這樣保存下來，在二十世紀之初，仍然發光發亮。這種部落主義與今日與世隔絕的亞馬遜原始部落，又有何兩樣？在二十世紀，偉大的儒家士大夫仍瘋狂地欣賞女性裹小腳、女性束胸和自個兒吸食鴉片。這是何等的病態文化、病態知識分子和野蠻的國家。

在天子主義和儒家思想教育下（當然還有其他原因），中國的人文、風俗和文化，實在不怎麼出色。現今一些愛國學者，動不動就以東西並列，主張中國的人文主義，代表東方足可與西方自文藝復興和啟蒙運動以來的人文主義相提並論，東西輝映。簡直自抬身價。尤其現在共產中國控制人民的手段和程度，歷代中國絕對瞠乎其後。現在的所謂「思想

控制」，過去沒有。過去能發表意見，夠資格表示意見的也只有士大夫那一階級的人。然而上層的早與皇族連在一起，構成政權的一部分；下層的士大夫則與地方權勢統治階級結合，不是成為他們的乙員，就是成為他們的輔佐。至於偌大的鄉村蒙師，教教幾個鄉童，但求溫飽，連採菊東南的夢恐怕也做不了。中國古代只有監察御史（腰桿也並不硬），亦無現代的言論自由。

今日的中國，不僅箝制言論，無所不用其極。雖沒有歷代君王的誅九族來得恐怖，然而動不動就抓人，就不遑多讓了。例如劉曉波只不過參與草擬《零八憲章》，就出事被逼死；香港的書商販售一些共產黨不喜歡的「禁書」就「失蹤」，這不駭人聽聞？也活脫脫是明代錦衣衛的復活。又，台灣的小女生只在舞台上說她來自台灣，也從此被禁足。一個商業性的活動唸了一個「兩岸一家親」中的地名，竟然受到「處罰」？邏輯思考、立場根本都有問題。怪哉，習大大可以用四萬畝的土地將他父親習仲勳的陵園修得美輪美奐，以盡孝恩；港商賣書，台灣小女生說她來自台灣便有事。大家盡職，

說真話就不行，你共產黨就可以？當前中國的荒謬和違反當代價值體系，早已超越清初的文字獄了。

　　中國歷史的皇朝和當今的共產中國，一貫地在擴充皇權，進行全面獨裁專制，可說政府的魔掌已牢牢控制住每個中國人的身和心。在古代，只要你日出而做日入而息，偶而發發牢騷，倒也可保今生無恙；在今日的中國則除了乖乖勞動，不發牢騷外，更不准參加政府所不屬意的集會和結社，懷疑會顛覆國家，破壞治安，於是乎統統禁止參加。法輪功不准參加，地下教會不准參加，其他國際機構的慈善活動，最好也不要參加。引申而言，不在中國控制和管轄的台灣，當然也不可能讓你存在了。這些舉措，乃是將人變成動物，關在動物農場裡，慢慢勞改教育成畜牲。政府規定你什麼不准看，什麼不准說，當然也包括什麼也不准想。恐怖的是將中國人由 animal farm（動物農場），進一步驅趕至動物實驗室。你的一舉一動，一呼一吸，一撒一拉，腦波變化，透過近日推行的社會信用卡制度，將你完全掌握在共產黨的一卡戶裡。據報導，中國政府監控人民的方式再度進階，近年已

深入 DNA。1989 年至 2015 年,至少蒐集到四千四百萬筆資料,乃全球最大 DNA 資料庫,約佔人口的 3%。再過幾年,再與社會信用卡一結合,中國人就由農莊動物真的變成實驗室動物了。中國兩千年從不間斷的皇權至上制度,造就了今日共產中國的集權和反動(反現代)政府。可真是一代不如一代,而其來有自。

以上簡單地交代了中國幾千年來包括當今的中央集權制度是有其一脈相傳的歷史和傳統淵源的。骨子裡不過是五千年前初民(約青銅器或早期鐵器時代和農牧經濟時期)的部落主義的殘留生存法則的發揚光大而已。把儒家當作寶貝,述而不作,更加以美化。從而進一步,將華夷理論化,白以為是文明開化國家(種族)而鄙視四鄰,一心憧憬四夷來朝的盛況(天朝的朝貢制度)。而國內則嚴格運用當時的士子(也只有士子可用,其他社會階層可絕大部分是文盲),將之拔擢為官(不幸為官悉為升官發財、光宗耀祖,而不是為生民請命。因為每隔二、三百年就要改朝換代,來個易姓革命或異族的新統治者了,因此對皇上效忠,老實說也不必太

認真，敷衍了事就好。）接著，同時輔以士農工商等被統治階級及其低度流動性，如此一來社會表面上國泰民安，雖四時各地有著跳樑小丑和土匪出沒，不足畏也歟！千年下來，迄十一世紀的宋朝，倒也搞出一點名堂，如四大發明或發現。但也僅此而已，對農業社會的傳統帝國來說，可說已達高峰。

由於故步自封，鎖國自閉，中國沒能與世界其他各地保持經常性接觸，沒能趕上歐洲文藝復興和前近代新思潮，加上明清五百年的「鎖國」政策，中國此一舊的帝國已被拋在一旁而不自知了。中國文明在明朝開始、滿清繼之已回天乏力。1840 年的鴉片戰爭不過是當頭棒喝，說明中國因原地踏步，已經退化。

悲哀的是中國人仍然不懂，還在滿族皇親貴族至上，還在社會流動停滯，還在背誦古老經典，還在述而不作。新的觀點，新的視野，新的學問，新的治理能力，新的思考能力，通通沒有。新人類、新一代的中國人也就不可能產生了。

對照歐洲，中國宋代以後僅停留在原地，在思想學問方面，秦漢以後已產生不出一個思想家或哲學家。光輝的宋代，

還勉強產生出炒冷飯的新儒學，元、明、清三朝的六百年間，一點新東西也沒有。一切人類的新的知識、科學、哲學、數學、技術、藝術、文學、法學、社會科學等等通通沒有。然而歐洲自十五世紀以後，視野（航海大發現）、科學、神學、文學、經濟和政治已經開始一場翻天覆地的大變化。不幸，其間也夾雜著缺點，如帝國主義、殖民主義和對環境的破壞，但整體上是往正確和值得讚許的方向前進的。儒家的尚古和返祖學說，只能說不合時宜早該淘汰了。

第二章　停滯的社會 (註1)

這一套由部落主義殘留下來的天子主義，如果沒有一個相應停滯的社會相呼應，是不可能留存，甚至苟延殘喘到滿清覆亡的（1911 年）。

一個社會存在的基礎，約有以下七個基石：除社會存立的價值系統外，社會結構和社會組織（少數統治階級 v.s. 大

多數被統治階級）；士農工商的社會分工和其弱流動性；不甚發達的 NGO 等；社會流動（social mobility，只可能在富裕的地主／官宦階層間流動，靠讀書和做官，機會最大）；政治制度及人生理想（皇權至上主義即天子主義，以及因果論和宿命論的人生哲學），再加上經濟體系。

中國幾千年來一直是小農經濟，從事精緻的小面積種植經濟。政府禁止兼併，政府更介入並自行經營對民生和國防有著重大影響的經濟開發活動，如鹽業、礦業，以及海外通商。因此中國社會相對不富裕，也沒有產生貧富差距過大的社會和政治問題。幾千年來中國人的致富之道，看來就只有購買土地做尋租活動而需索錢財，最普通和常用則是官商勾結（聯絡或搞關係）或官吏貪腐致富。中國共產黨高幹及其子女第二代迄第三代的致富，與歷代致富途徑殊無二致，這些權貴子弟或關係人乃是不折不扣的中國人，也是中國這一片土地上屬於統治階級的共產高幹。誰的權大，誰就錢多。這是中國人的生存鐵律，也是做人的最高準則。在沒有人民最大，民主至上，法治第一爲基準所建立起來的社會，表面

上是「四維八德」，骨子裡是赤裸裸的權力支配和剝削。不幸，中國這一套原始的權力支配制度，保留至今日，更見猖獗。

　　十八世紀末，乾隆爺礙於面子問題，與英國女皇的代表馬戛爾尼爵士在殿上因到底要如何謁見中國皇帝的細節，鬧得不歡而散。當時的中國喪失了與當時蒸蒸日上的新時代領袖之一的英國接觸和正式往來、貿易的機會。文藝復興的思想、信仰和科學大變動的時機中國沒能趕上，此次又沒抓住與冉冉上升的新社會、新時代正式交往、相互學習的機會，中國就這樣徹底被世界撇在一旁了。大清盛世緊接著就是一甲子之後衰敗的開始。果然在鴉片戰爭中，中國的落後性（backwardness）整個暴露。這不是東西文明的對比，而是現代與病態的對比，是理性的思考對上精神分裂的囈語。這個面子丟不起，於是乎，百年後，今日的中國義和團分子認為，敢向美國嗆聲，四鄰挑釁，替老祖宗多少掙回一點面子。

　　當年的乾隆爺和朝廷對朝覲乙事，憤慨不已（大膽英夷，不依朝貢之禮朝見）。不過事後大概也就忘了，因為損失的

是跳樑小丑的外夷，與我天朝無傷，到底還是省點力氣，讀聖賢書來得重要。

以下我們針對儒家的影響，科學何以不振，儒教何以不靈等導致社會停滯（immobilier），再進一步做點說明。中央政府的腐敗和僵硬，政社相互取暖，「相濡以沫」，中國社會已公然進入「次人世界」而不自知。悲夫。

（一）儒教的負面效果

漢朝武帝獨尊儒術，並且正式以儒家的經典當作取才進官的手段。於是乎，讀書人人人投入其中，背誦古書（文言文），強做古人。儒家講究忠孝仁愛以自己家族組織取代個人的自覺和自律，而以忠君做為做人的最高準繩，這意思是說，一旦忠孝不能兩全，當然捨孝全忠。其次講究秩序，特別注意個人在團體（家族為主）中之地位。因此個人之喜怒哀樂和意志，基本上並不是重點，盡孝進而盡忠侍君（天子）才是重點。人人在家族和社會都有一定的位置，即差序格局而不能僭越，人人當守本分，盡其在家族或社會中的角色扮

演，整個社會自然呈現有秩序及和諧。人人恪守著本分，提升道德自律，自修自立等德目，自然社會更一片祥和。族中長者，地方父母官和貴為天子的皇帝，甚至老天都不會負你。在敬天法人此一初民社會的最高社會倫埋和宗教信仰下，儒家的尚古和尚德主張，得到了全面的勝利，一朝代一朝代的傳下去而沒有受到其他觀點或學說的挑戰。不寧唯是，孔子學（即儒家）乃是二千五百年前小農村社會下的產物，其主張尚古，以古代為美為模仿的對象，當然無法與時推移。孔子主張秩序、彬彬有禮的社會，因此擁護中央集權，主張皇權至上。雖然儒家中的孟子是唯一不反對將惡君驅逐的人，提出「聞誅一夫紂矣，未聞弒君也」的獨夫論，也說過「民為本，社稷次之，君為輕」的看法。看起來頗有現代國民主義的味道，其實還在民為本的位階，還沒有進到民為主的階段——人民當家做主，官吏和君主通通是公僕的民主哲學。這不過是儒家對「潛在的獨夫」提出警告而已，非儒家重點學說所在。

其次，儒家的華夷之分和性別之歧視，又主張以和為貴

和團體福祉爲先的團體主義，因此也就不怎麼提倡西方人所重視的個人誠實美德。個人有稜有角，如何促使團體靈活運作？西方人特別是天主教（基督教）主張面對上帝一定要誠實以對。對上帝誠實也就是對自己誠實，對自己誠實，也等於是對他人、對社會誠實，因爲這是上帝所要求的第一項德目。對自己不誠實或做錯事，乃是對上帝無法交代，對自己無法原諒的。因此一定要悔改，要懺悔，面對自己、神父、上帝，懇求原諒並眞實的懺悔。必須誠實以告。上帝慈悲，在上帝的恩典下，才能得到上帝的原諒，要眞實的悔改，才能獲得恩典，獲得原諒，獲得永生。這種深刻的罪惡感和對不起上帝恩典的心靈歷程在儒家裡是找不到的。儒家主張在尊重父母、君主或團體的前提上，必須努力，以報答他們。爲了父母的大恩和答謝君主（即政府），爲了團體和諧與運作，誠實以報並不是主要的，不要玷汙他們的面子讓他們蒙羞，不使團體難以運作才是重點；就是撒點小謊，偶而必要時撒點大謊和不說眞話，還是可以被諒解的。簡言之，目的是不要讓自己或使他們蒙羞。有人說這就是東方（指中國、

日本、朝鮮和越南等儒家文化傳播之地區）的羞恥文化。

　　在這種說眞話並非最高準則的文化下，代代撒謊，人人撒謊。於是乎人前說人話，人後說鬼話的行爲也就在東方見怪不怪了。個人如此，整個政府也是如此，爲了國家需要，竄改歷史，不注重眞實，不保存資料，這更是中國國共兩黨的一貫作風。中共目前敲鑼打鼓，傾全力宣傳八年抗戰是他領導的，你能相信？又六四不能討論，老毛功過不能評論。看來中國共產黨只能接受歌功頌德。這樣的政府你能信任？中國夢你能相信？癡人說夢還差不多。有人批評，這種羞恥文化數千年下來，中國人有沒有羞恥心已經不重要了，中國人到底有沒有良心？有沒有靈魂？才是問題。不然何以舉國如此不要臉？在這種孔子學的籠罩下，既然可以「說謊」，自然也可以竄改歷史。既然忠孝乃第一德目，可以爲父母、君主諱，那麼眞相的追求，對自己的誠實，對打破砂鍋問到底的精神也就不必那麼在意了。

　　個人以爲中國人的思考方式往往不合邏輯，中國科學之不發達，都跟孔子的學說有直接、間接的關係（當然也有其

他因素，譬如中國文字系統就是其中之一，請見第五篇），既然追求真相「於事無補」，窮理致知也沒啥作用。雖然中國的四大發明，對人類有著很大的良性作用，但這也是初步作用而已，其後的研究呢？

「四大發明」（或發現或改良）（innovation）在歐洲人手裡就不一樣了。首先造紙術，中國就好像比不上西方和中東的多采多姿。至於指南針的發現，好像幫了鄭和一點忙，跑到海外找建文帝和「宣揚國威」；但在西洋人手裡，可是發現新大陸，進一步證明地球是圓的，促進航海學和天文學之進步。中國人至死還相信天圓地方，因為看起來如此，感覺如此。

火藥在中國倒是拿來做和平用途的使用，慶典放放鞭炮；而火藥在歐洲可是用來轟倒城牆，加速封建制度的崩潰和近代民族國家的建立。至於前面說到的印刷術，在中國只用以協助士大夫階級吟詩作對、翻閱經典，溫故知新，和統治階級用以統治和書寫一些公文（當然被統治階級的工農普羅大眾原則上看不懂也用不到）；而在歐洲甫一輸入，先是一下

子印刷數千萬冊《聖經》，引起了驚天動地的宗教大革命，接著啓蒙時代來臨，促成書籍的大量印刷，理性、科學、藝術等活動興起，引發布爾喬亞（資產階級）革命，科學革命，民族統一運動和民主自由主義的廣佈，迎接著新時代的來臨。

中國呢？四大發明後仍不動如山，拒絕開放門戶，繼續做「萬國衣冠拜冕旒」的大夢。病態的統治階級和士大夫利益團體繼續嗅著女性的小腳和抽鴉片，繼續過著病態的男尊女卑的生活，擁有三妻四妾；天子則外加後宮粉黛三千。怪不得，鼎革前中國人平均壽命不滿四十，天子腎虧，不滿卅九；而鼎革後中國被譏為東亞病夫。至於民國後，中國和台灣兩地新聞廣告，滿是壯陽補腎之類的，良有以也！

當今中國的高官權貴又在玩弄女性方面，大肆表現。據報導，北京的一位中高級高幹竟然家中藏有金銀財寶多得嚇人，而且包養差不多已固定的情婦就高達三十個以上。眞是鐵打的漢子，不世出的淫蟲，只不過比起五千年來的天子——皇帝老爺，還眞是小巫見大巫，差遠了。

根據報導，中國領導人的私生活，過去在中國一直列為

「國家機密」，不得洩漏。但隨著越來越多的貪官被揭發包養情婦後，其糜爛的私生活也逐漸被攤在陽光下。目前，「情婦」也以「特定關係人」的身分，納入中國的反腐敗法律中。貪官以權勢貪色霸色，再進一步經過色路貪錢洗錢，此一模式，已成了具有「中國特色」的腐敗模式。因而貪官之背後必有情婦，也成了此一腐敗模式的常態。此一模式的比例，高達九成五以上。（註2）

在這所謂的五千年文化的中國社會，所有基本的社會組織可說紋風不動，朝代一個一個的換，不管是異族的北蠻或所謂同姓的氏族上台，幹的還不是同樣的事。外來的殖民統治，聯合讀死書的孔孟士人組成統治支配階級，管理不同層級、不同職種的四民社會。一直充當下層階級的仍是幾乎代代相傳的小農、手工業者和小商人，以及一些考不取科舉、當不上官員的秀才或粗通文墨的「士人」。普羅大眾仍然是上述這些社會下層人。幾千年來，除非改朝換代，還有一點新鮮空氣和翻身的機會，不然還不是一個幾乎一成不變的社會。現代的中國人在孔子的尚古學風下，將往古的社會美化

得好像人人知書達禮，君主和藹可親；現代的中國共產黨政府（包括台灣的國民黨政府）則在民族主義的大纛下，將幾千年的中國社會和文明描述得風和日麗，社會和諧知恥。

我們說過去的中國社會是一個停滯的社會，再舉一個實例。孤懸海中的台灣，島上是南島部落打打殺殺過日子。幾百年來，就是海上難民和海盜暫時棲身之地。一直要到十七世紀開始才捲入中國和東亞、甚至世界的歷史。1683 年被滿清收入版圖和 1895 年滿清將台灣「劃」給日本帝國後，兩百多年的清朝（外來、異族和殖民）統治留給台灣的竟是俗稱的清領台灣四大害：瘴癘、生番、鴉片和土匪。日本治台，首先就是整治這四大害。普設警察派出所，以拒生番、以治盜賊；其次廣設衛生所，以鎮瘴癘，剷除流行病；第三再廣設小學校以提升國民的生活和知識水準；再其次興修水利再殖產興業。1945 年日本放棄台灣時，台灣的教育普及率已高達 95% 以上。

滿清二百餘年的殖民統治，竟然輸給日本的頭三十年的治理。有心治理，有效管理，同族、異族並不是唯一的標準。

同族仍然可以搞出大躍進、文革等玩意兒；仍然可以在兄弟相隔五十年相見後，來個二二八大屠殺。由近代中國人的殘暴從而可以推定幾千年來「靜止」的社會該是何等的面貌。我們試著想像一下中國一百五十年前的狀況。時間挪到同治中興，清朝剛打勝最大的內亂（其實入關以來，戰爭一直不斷）太平天國。不過相關的捻亂仍未完全肅清，之後的回亂也尚未來臨。想想看，四民的社會仍照常運作，戰亂過後，更無力入庠，念點書，學點聖賢做人的道理；社會上仍然是分成兩個階級：在地方上的仕紳和一些富裕的地主（通常是官宦之後或從事商業所得）以及一般的普羅大眾和廣大的農民，絕大部分是小農和佃農，包括一些赤貧的遊民和乞丐。這些生活在底層社會的普羅大眾們，看到的是鄉紳背後的皇親國戚和高官豪門，生活豪奢，自己絕無緣享受。社會上更是人吃人的不公道社會，旗人是屬於統治階級，有月俸可領，有鳥可賞，有狗可遛，生活「OK」。一般人根本打不起官司，因為判官是聽官府的，官府是聽孔孟儒家的。司法獨立一詞，壓根兒沒聽過。差別待遇，不公平處置本就是常理。地方上

治安也不太良好，一出郊外，強盜四出，除非有著鏢行的保護，出遠門追求個人理想，根本是無法想像的事。同治中興，仍然只是政治上名詞，仍然成了政變的大好口實而已。此一中興只造就了慈禧太后的攬權並更進一步成為全國唯一手握大權的人物。

以同治中興回頭看當今的中國，除了外觀宏偉的商樓大廈，網路電視等現代物質建設外，基本上又有多大不同？社會上的行動準則，仍然一樣，看背景看後台；法院或法官，是共產黨的，是習大大的。這跟是慈禧太后的又有何不同？再看看社會上貧富差距的逐漸擴大，貧者求救無門（失業加上高漲的教育費和貧乏的養老福利金等），而一些豪門卻朱門酒肉臭，這跟滿清皇親國戚，和旗大人之衣食無缺（可領皇糧或薪津）有何差別？這個社會還是一如一百五十年前一樣，毫無思想言論和批評的自由，一切還是聽上級的。整個教育中心也是在諄諄告誡學子要聽黨的話，要相信黨的領導。「生我是娘，養我是黨。」還是一樣，都是在進行愚民和順民的教育。

這是一個基礎建設仍然沒有太大變動的社會，仍然是一個「強凌弱、眾暴寡」的不公平社會，仍然是民不與官（黨）鬥的社會，仍然是一個動輒得咎的社會。表面上光鮮亮麗，骨子裡卻仍然一樣。老祖宗，老領導，仍然在看著你，政府爪牙（Gestapo）四佈在監視著你，現代、古代，有何兩樣？這是一個苦悶、無趣和沒有自由的社會。

（二）反現代價值體系

在東亞儒家圈的國家中，在科技社會，一般說來是相當穩定的，因為裡面的組成分子以及人和其組織相對地穩定。因此，傳統的社會除了外亂入侵、國內內戰，在中國還需要打擊四夷，廣披王化外，社會內的盜賊活動，也不至於達到不能忍受的地步。總的說來，傳統的社會不像今日一樣拜資本主義和科技發展之賜，推陳出新，自由買賣，熱鬧異常。相對來說，中國社會對貧苦大眾而言，比較苦悶無趣，比不上歐洲黑暗中世紀時的普羅大眾。

古代的傳統社會，運用以下兩招讓古老的社會仍然可以

運轉和顯得有點生機盎然。一是庶民生活中的娛樂活動，日本的歌舞伎和廟會活動、中國的廟會，都是很好的例子。在此類活動中，庶民或下層的普羅大眾可用健康的方式，宣洩不滿、苦悶或歡樂。其次，在人吃人的禮教和虛偽的儒家社會中，中日兩國黑夜裡的性活動大概也相對多采多姿。

　　中國在改革開放後，廟會也配合著宗教觀光的需要而不加以禁止，尤其是改革開放後，人民更進一步可以到國外觀光，於是乎中國特色的色情業和跑單幫等各種行業，也紛紛向國外推銷。據報載連一向不太富裕的印尼也明文禁止中國撈女集體入境。中國的面子可說丟到家了。其次在宗教上，中國宗教本就與西方宗教不一樣。印度傳來的佛教和本土道教也逐漸朝「非宗教」的路子走去。佛教講究「自力救濟」，主張人人可以「人定勝天」，事實上是以哲學和修行來拯救個人的靈魂而達涅槃的無我無法無物的境界（註3）。道家講究順其自然，來個天人合一。可惜的是佛道都走上團體主義的框架，以因果和地獄的理論來教化眾生。在中央集權政府的主導下，當然一步步走上世俗和迷信的道路。

在這種自力修行、慈悲濟世以期建立婆娑世界的趨勢下，與儒教的光宗耀祖、造福民生「殊途同歸」，儒釋道三家在十八世紀的合流就形成了，並逐步走上俗世的、現世報的、娛樂性的、功利性的、商業性的方向。共產黨是不准有宗教的，因為馬克思說宗教是人民的鴉片，只會麻痺人民的心靈，不思振作和勞動，只聽從牧師或神父的話語而忘了做為無產階級普羅分子的階級鬥爭責任。中國共產黨由早期的禁止宗教活動，而以宗教管理法嚴加監視，以避免造成歷代──特別是清末白蓮教的顛覆政府活動。不過在需款孔急之餘和強化對台統一原則下，大興佛寺，重建道觀，為的就是讓國內的普羅大眾心中有一個希望和寄託，和諧有望。

　　今日的中國就是還在這種傳統的停滯社會中翻滾，只是自己不知道罷了。中國共產黨是在中國幾千年的醬缸文化中長大，也是在停滯的社會泥淖中前進，只是渾然不知或裝傻而已。馬克思帶來了一丁點新鮮空氣仍然敵不過古老傳統的醬缸文化。共產社會，仍然高舉孔子的學說，無條件支持天子主義；仍然利用膚淺、政治和功利的三合一民俗宗教進行

統戰和斂財。搞了半天，中國依舊拿出傳統的皇權至上主義和制度來支撐整個政治的運作。可笑的是，還得意洋洋地拿來與世界民主潮流相對抗。不以現代價值系統的核心價值來做爲一個社會運轉和追求的終極目標，那麼，這個社會一定是腐敗的（pourrie）、邪惡的、不尊重個人的、沒有民主和自由的，絕對是由痞子和土匪及一些僞君子又支配又統治的社會。套用西方宗教人士的形容：中國的社會是撒旦的社會。大小群魔，胡天胡地，他們沒有靈魂，更不需要良心。

註　釋

——註 1

　　請參考 *L'Empire immobile*（*The Immobile Empire*，台譯版書名為《停滯的帝國》），為法國前部長 Alain Peyrefitte 於 80 年代所出版的大著。書裡面將中國古代和現代對比，一一道出，何其相似。

——註 2

　　參考大陸新聞，2007 年 8 月 17 日，p18。「歐洲日報：反腐敗法，情婦列特定關係人——貪官以權貪色霸色，再經色路貪錢洗錢，已成具『中國特色』腐敗模式。」

——註 3

　　佛學體大博深，個人膽大論佛，實在不自量力。小小看法和心得，祈請各方大師大德指教。中國發現了羅盤，但由於宗教意識薄弱，心中沒有羅盤，沒有信念。個個在儒家和停滯的社會和醬缸文化下，成了最現實和功利導向的變色龍、土匪、癟三。天啊！

第四篇

一窺中國的民族性

第一章　中國人的自我（ego）

　　在過去傳統的中國，一般人是付不起學費也上不起私塾
的；頂多是在廟埕或地方仕紳或富人的祠堂中讀幾年書。內
容不外是基本識字和所謂爲人處事的基本「學問」，三字經、
弟子規，是一定要的。其次，簡單的算術和練練算盤，也就
算個人一生的教育大功告成。更多的是連這種機會都沒有的

貧苦人家子弟。如果有幸再進一步吟詩誦詞，再讀點古典經書等，那已經是出生富裕家庭的富家子弟，足以去參加鄉試考個秀才了。

　　一般說來，以上這種讀書家庭在幾千年的歷史長河中可說居於少數，一般農家家庭哪裡有餘力送小孩讀書。在清朝以前文盲是佔了 90% 以上的人口的。就算在 1949 年以前，戰亂頻仍，彼此忙著一統江山，哪有功夫推動教育。此所以民初晏陽初先生的農村建設計劃和之後蔣夢麟的農村復興計劃受到世人讚揚的原因。而 1949 迄 1976 年之間的中國，在毛澤東的領導下，將中國的教育由事君事父改爲爲黨爲國，接著進行一連串的運動，希望在極短時間裡（instantly），一舉解決中國的貧窮，讓無知和散漫的人民成爲所謂的社會主義新中國的公民。結果，新人是否造成不得而知，但顯然地舊的中國人已經徹底被毀了。過去中國人至少還保有宿命、憨厚、認命的一點點順民美德；文革之後，中國人大概都已變成自私自利的兩面人了。改革開放以後，教育依舊致力於訓練人民成好的共產黨員、好的民族主義者和愛國主義分子，

對於現代人所最注重的教育宗旨和目標，根本避而不談和揚棄。

（一）人格教育

以下，我們試著從心理學、特別是精神分析學裡面的自我（ego）的一般理論，來剖析人格是如何形成的，或說一個人是如何變成他那一個人的。一個人在成長和受教育的過程中，在自覺和不自覺的選擇中，如何通過多種衝突（有意識或無意識的）、吸收、選擇、調適等方式造就一個「獨一無二」的個人。他最終必須自己負起成長的責任，而長大成人之後他也必須負起言行的責任和義務；他更必須爲他的生存和發展負最後責任（existentialism）。這種西方個人主義的人格養成教育和理論，剛好是中國傳統和目前共產社會所抗拒和排斥的理論。

中國共產黨所要的人民，跟傳統的社會所要的老百姓，可說並無很大的不同。傳統的儒家學說，希望教育孩子成媽媽的孩子、家族的好孩子和天子的好臣民。教來教去，就是

不把他教育成「天下唯一」、不是人云亦云、有獨立判斷能力的好國民（屬於社會全體）以及好市民（屬於這個國家），甚至進一步教育成一個世界公民（屬於全人類）。

在這一方面，現在中國仍一如舊慣，追隨過去傳統落伍的老路，努力培養共產黨心目中的理想人，就是只有黨而沒有自己意見或靈魂的個人。文革時期的名言「生我者娘，養我者黨」，現在依然如此。

爲簡化計，我們試著以心理病理學最簡單的理論來說明個人獨特人格養成的道理。一般來說，造成心理疾病基本是源於個人心理方面兩大不同的發展趨勢所引起。一條是生物或生理上的性（la sexualité）及其成長（l'actualisation constructive）；另一條是個人在社會和群體的獨特方面的成長。詳言之，個人成爲他自己（être maître chez soi），進一步成爲他自己的主人（être son propre maître），最後，成爲他前途的主人（être maître de son destin）。

這二種不同的趨勢力量在精神生活上也有不同的需求，從而相互發生衝突。譬如在生理心理方面，在心理社會方面

和心靈或精神方面。

　　個人要成為他自己的主人，他必須消化心理社會（psycho
social）的各種衝突並釐清他跟其他的人的關係。當然一些做
人的大道理，為國為民為黨服務的大道理他也都必須一一消
化。

　　而這些消化又經常必須順利處理生理方面的需求（le
besoins de psychophysique），不然在成長過程中準被打成不
良或壞分子而干擾或打斷爾後順利的成長。

　　這一些適應或消化或衝突，都是一個人出生長大避免
不了的。如何壓制或引導生理或性方面的自然需求與外在父
母、黨或國家、君主、師長等的要求（即精神分析學中的
superego）調節得順暢妥當，才是成長中的重點。如此，一
個人才會成為他自己的命運的主人。他真正屬於自己，而所
謂自己，也就是在人前人後，在組織裡，在社會上，甚至在
信仰上他都有自己的看法和主張。我們說這才是西方文藝復
興五百年來所極力提倡和追求的理想人類。一個經啟蒙，清
醒、具批判力的完美的個人，也就是健康的理性的個人主義。

根據以上的個人主義，歷史上中國的社會根本培養不出這麼一號人物。因為儒家學說那一套，超我（superego）或大我的教訓，早已將個人的意見、甚至靈魂（如果有的話）壓制得消失無蹤。書讀得越多變成越是謊話連篇，善於自我辯解十足阿Q一個；官做得越大，也就越是自私、甚至心狠手辣。因為生存需要，黨的需要。幾千年下來這些不合時宜的儒家教條早變成醬缸內的材料。不料中國共產黨上台，醬缸裡再附加上馬克思那套團體主義、階級革命等等壓抑個人性靈的加料。當年文革時期的群魔亂舞令有些學者懷疑，中國還有「人」嗎？

　　中國這樣的社會能找得到真誠、誠實、言而有信、能負責任、能有擔當、能說真話、敢愛敢恨的人嗎？共產黨員能算是人嗎？之類的懷疑，事實上早就在1950年代就有人開始提起了。

　　我個人的看法是中國共產黨當然是人，只是不知道「我是誰」而已。既然連「我是誰」都搞不清楚，中國往哪裡去，當然也就搞不清楚；既然未來發展方向搞不清楚，就只好由

著過去的醬缸文化裡的「老東西」來指揮行動了。整個中國目前仍搞不清楚自己是誰，是什麼樣的國家，在國際社會應扮演什麼角色好來協助整個人類的進步……。這個所謂的 identity（身分），中國共產黨還未覺察到；同樣的，從以上討論「自我 ego」中，我們也認為中國人根本沒有所謂的健全的個人主義。在團體主義和階級鬥爭的教條下，個人沒有存在的餘地。既然沒有，個人對於自己，對於他人，對於環境當然無法扛起責任。當然也不認為協助他人維護地球永續經營，偃旗息鼓以維持和平等等積極正面的作為，是一個正常的國家所必須扛起的責任和應盡的義務。不要說中國這個國家，就是個人也壓根兒沒想到的事。中國人在此一角度看來，好像不是理性的動物，而是一個不知自己是誰，隨風搖擺，甚至患上精神分裂的阿 Q 型病人了。

總之，人格的成長，是受著自身的欲求、人際的關係和當時社會流行的觀念，以及天子和為政者視之為核心價值的教訓、信念等影響著的。不重視和不培養個人獨特性，不支持理性，不支持科學邏輯的訓練和不對美的好奇與追求，不

努力支持社會的包容性，不鼓勵個人自由的發揮和不受阻礙追求真理真知，是無法造就出一個理想的現代人的。成長過程一旦受阻，也有著公平公正的法治制度可以救濟和矯正；沒有以上起碼的制度的支持，是產生不出偉大的思想家、科學家、發明家和藝術家等人間瑰寶的。中國人幾千年來都產生不出以上的瑰寶，就是說明不是那樣的社會，不具有支持那樣思想和制度的中央政府和社會系統。人的自我（ego）的成長是深深受著他生長、生存的時代和當代社會經濟和政治所影響著的。

（二）新義和團的誕生

以下我們進一步談談中國近年來的窮兵黷武和義和團現象，說明中國所患精神分裂症症狀的嚴重性。

中國自 2000 年來，由和平的大國崛起，開始明目張膽地走上海洋國家和整軍經武的軍事擴張主義。古老的強國強兵顯然再次成為中國未來所要扮演的角色，我們在第二篇已討論過，現在我們繼續談談在軍事擴張之後，民間也開始自我

膨脹，走上老祖宗的老路。這個大動作，就是義和團現象的發作。

所謂「義和團現象」是指一群人民（包括官員、黨員、幹部），「原則上」自動自發地組成的一個組織。這個組織以愛國做號召，呼籲人民加入或支持此一團體，來共同完成該團體所擬完成的愛國的「神聖任務」。

該團體所要藉助的行動，不一定合乎科學，例如念咒念符；該團體所採行的行動也不一定是理性的，譬如二十世紀初清朝時代的義和團以殺洋人、二毛子和破壞或火燒教堂為行動方式。至於這種行動會不會引起對方或對方母國的對抗，因而發生兩國間的戰爭？這些，全不在考慮之列。此即抗議有理，罷市揍人，破壞無罪。就算發生戰爭，也一定我方大勝。

此義和團的行動，顯然不是理性思考後的行動而是感情的發洩。此一感情當然是指冤屈、不平而不是歡愉式的。因此因悲憤而殺人放火，以符籙巫術要天罰對方，乃自然不過的事。這是清末老式義和團的把戲。而今日中國的人民「自動自發」地大規模在全國各地強迫日、韓商店或工廠罷市，

並砸傷砸爛對方奸民的汽車等交通工具，宣揚國威，堅信自己是正義的一方，認為如此下手處理乃是正確的程序和行為。這不是義和團是什麼？過去中國一直懇求日韓投資，並宣誓加以保護（金錢、財產和生命），但一旦「不爽」，卻可以不合法地加以破壞和干擾商務。自己犯法卻又振振有詞，真是「造反有理」，怪不得有人批評，文革又再度肆虐。

此一義和團現象，無意中透露出在中國，公道社會或公平公正的司法制度（法治）根本闕如。在高漲的民族主義聲中，只要愛國行動有什麼不可以？又，只要上頭點頭，天塌下來的事也會有人處理，有什麼好怕的！弔詭的是，在今日的中國，沒有上級點頭，這種打砸殺的恐怖行為，有人膽敢明目張膽的大幹特幹？

依此一現象不斷發生看來，中國的黨國教育顯然地發揮了一定的效力。我們指出，最令人傷心的是中國當前的人格教育，不是要教育出堂堂正正的國民和公民。如此看來，中國在自掘墳墓。中國只有痛下決心，真誠地將下一代教育成健康的個人，普世、具理性、科學和人文的素養而又追求現

代價值的國民和市民，才有機會不步向崩潰。義和團式的黨國教育，可以休矣！

在過去儒學一家獨大的數千年歲月中，我們早已再三指出，它造成的結果是中國產生不出一個思想家或哲學家，幾千年只勉強在宋朝擠出一點「新儒學」。可憐，弄點佛學術語，把原本庶民還有一絲絲呼吸空間的學問，弄得非成聖成賢不可的偉大學問。天下哪有寡婦失節事小，不鬧得驚天動地？不僅違反人性，更是把寡婦等個個期待成聖賢，何其矯情？儒家的自大，自以爲文明的華夷論述造成歷代及近日中國的「皇帝」，也想玩玩朝貢制度，一點國際性的常識都沒有。

第二章　土匪與癟三

儒家的忠孝說造就了天子主義，中國人迄今生活在牧場（animal farm）中。總之，中國醬缸文化，特別是自宋以後，

逐漸加劇。全面退化的中華文明中，其中二種特殊的文化現象，更加突顯，讓人驚訝不已。一是土匪文化，另一是瘋三文化。

前者雖然無知無識，但絕不硬充內行，快人快語，敢作敢當，爲達目的，殺人如麻在所不惜，出賣國家，出賣家當也毫不改色。反正好漢做事好漢當，老子認爲對的，就是對的。只要我爽快，有什麼不可以？殺人放火，展示「肌肉」霸凌弱小等幾近流氓的作風，那也不用說了。

後者就言行不一，自己一定要佔盡便宜，爲達目的，說謊行騙，拜你爲親爸爸都可以。總之，瘋三說盡好話，幹盡壞事，一心漂白，好光鮮時髦，佔盡便宜，爲的就是個人終極的利益。

這兩種文化或這兩種人物，當今的世人應當都看到了。土匪，像極了中國共產黨，作風、談吐、手段和殘忍完全一樣。譬如當年靠蘇聯起家，建政後全面倒向蘇聯老大哥；現在有槍砲、有銀子，就到處耀武揚威，還胡說八年抗戰是自己打的，二十一世紀是中國人的世紀。真是不知天高地厚的

土匪。你不是那塊料子，你那已汙染的大地，也長不出稻米，開不出一朵花。至於台灣的國民黨，是否符合江湖瘋三的舉止，那就見仁見智了。

瘋三還有自新的可能，古代有嚴刑峻法，現代有獨立司法；至於土匪變性，想「立地成佛」，那可就連「大羅天仙」也不敢猜測了。

第三章　六四與中國人性格

1990 年代左右，香港的學者針對中國民族性，從文化方面來研究中國人的性格。沙蓮香教授（註 1）進一步針對文化大革命前、中和改革後的三個時期的中國人的人格特質，精心設計了問卷。調查結果證實了人格無庸置疑會受到外在因素的衝擊而有所調適。調查發現，對文化大革命前中國人具備的人格特質前四位的選擇，依次爲勤儉、仁愛、忠孝和氣節，但缺理智。而文化大革命中多屈從因此也缺乏理智。

根據調查報告的解釋，認為：「屈從和欺瞞連在一起成為文化大革命中最具備的前兩位人格特質，可以說既是對文化大革命人格的一種低評價，也是對文化大革命本身的一種不滿意。文化大革命之所以能夠把全國億萬人捲入漩渦，釀成全國規模的災難，固然有人們狂熱這種因素起作用，卻也有對文化大革命本身那不可抗拒的『力』的順從，並且還是帶著幾分自欺欺人的順從。」（註2）

又，改革後多進取，缺勤儉。這類選擇的首位人格特質是進取，其餘 3 項依次是實用、功利和理智。（該調查報告中所設計的 14 項項目為氣節、忠孝、仁愛、理智、勤儉、進取、俠義、中庸、實用、功利、私德、屈從、嫉妒和欺瞞。）

總之，中國人的人格特質或以 ego 稱之，的確有其特色與當今現代世界一般人不同。就與已經民主法治化二十年的台灣人相比，也幾乎有著明顯的相當程度的差別。不幸在中國，仍然無知或故意的維護皇權和集權制度，仍然放任數千年來反現代性的社會結構繼續存在。不用說，中國人在今日對照英美日，更是被視為「怪物」了。我們以下只極簡略地

介紹百年前一些國內外人士的看法，就可以看出因文化衝突和不同所帶給他們的驚訝。

英國的 E. T. C. Werner 於 1919 年出版《中國人的中國》（*China of the Chinese*）。摘錄其中數小段對中國人的描述：「在感情方面，中國人重感情、溫和、樸實、認真、喜聚居、勤奮、忍耐力特強；同時，神經過敏、固執、殘忍刻薄、無情、不誠實、手癖、好色。平常沉默寡言，有時激昂。不是不愉快的人，相互間過分地重禮節。知恩必報，重商業信用。」

「在智能方面，中國人是停滯不前的，雖有採用近代西方文化的欲望，但在文化方面，仍是一大統主義和機械主義的奴隸。在思考行動的所有方面，都因襲固有的，舊的形式，沒有想像，沒有創造，一味地模仿，缺少自由的個性和創造力。組織不力，缺乏反省和預見，表現曖昧，無力判斷主題和實際加以把握，不承認正確的重要性，極盡曲解和委婉之能事，極度猜疑和迷信。」

「從中國人性格的總體看，他們具有發展初期種族所共有的各種特徵。體格差，營養系統不發達，神經系統小，頑

固，有害作用使得種族銳氣日減，導致激發努力引導改良方面的感情淡薄，由於可塑性小而早熟，中國人意識較單純，表現出週期性的激情和漫不經心。由於沒能發展到愛他人的情操而缺乏同理心、殘忍，並伴有極端的保守主義。中國人的心靈中，缺乏關於一般事實和長遠結果的概念。其觀念凝固，與其說抽象，不如說具體，缺少明確性和精確性。其想像力的缺乏可以從其民族生活的漫長歷史中沒有發明的事實看出來。」

最後一段。「中國人不單獨行動，有結成集團行動的傾向……從生物學的角度，中國人的集團行動是在動物那裡也能看到的自衛的集團行動的殘餘，可以說，是社會的白血球。從社會學的角度來解釋，在今天的中國社會中，封建思想依然存在，由於在封建制度中，集團是軍事性質的，現代中國人正是爲了防衛才集團行動。」（註3）

我們再看一段大名鼎鼎的胡適的一段話。中國共產黨不喜歡胡適，認爲他是一名浪漫的自由主義者，不過以下胡適談的倒是他個人觀察所得：「一個朋友說過一句很深刻的話：

『你要看一個國家的文明，只消考察三件事：第一，看他們怎樣待小孩子；第二，看他們怎樣待女人；第三，看他們怎樣利用閒暇的時間。』這三點都很扼要，只可惜我們中國禁不起這三層考察。這三點中，無論哪一點都可以宣告我們這個國家是最野蠻的國家。」（註4）

再看看近一百年前一位德國朋友的率直批評，A. F. Legendre 於 1926 年《現代中國文明》中的話：「中國人使自己木乃伊化。……中國人不想要奮鬥和努力，個性隨同創業志氣的衰退而消失，由家族制度所助長起來的利己主義達到了驚人的程度。熱衷於個體保存和個人享樂，……缺乏相互扶助（骨肉兄弟間亦然）和美德，缺乏宗教信仰，而只有遁辭。」

現代的共產中國，情況也好不到哪裡去，可能更糟。數年前，日本的《文藝春秋》月刊舉辦了「中國，這個麻煩的鄰人」特集，邀集日本著名的研究中國學者專家、作家及評論家執筆。旅日台灣作家黃文雄先生也獲邀參加。事後黃氏又受邀為此一題目撰寫專文刊載在我國的報紙上，感到興趣

的讀者請參閱一下本書第八篇之註釋。黃氏〈中國被討厭的七點理由〉文章中有一點是指稱中國爲一土匪國家，這是非常嚴重的指責。不過本人完全贊同，中國如果不是土匪國家，歷史上何以會一直盜賊成群，承平時亦然？

今日在中國共黨治理下，官方合法殺人如麻，社會山寨版商品「滿山滿谷」；幾年前發生過中國人民跨界去香港大肆搶購的一幕；十餘年前也發生過千島湖中國官民合作殺光一船台灣遊客的事件。一個階層分殊，唯利是圖的社會，一個只知爭權奪利的共產黨官僚集團，一群不知自律自愛但精神分裂的人民，這種民族不是土匪難道是天子統治下的天選之民？

註　釋

——註 1

　　請參考沙蓮香：《中國民族性——中國人性格的文化研究》
（香港：三聯書店，1999 年），第四章「人格選擇反差」。

——註 2

　　同上。

——註 3

　　Werner 出處也請一併參見註 1。

——註 4

　　胡適〈慈幼的問題〉（1929 年），引自註 1。並請參考孫
隆基：《中國文化的深層結構》（台北：唐山出版社，1993 年），
第二章「中國人的『良知系統』」。

第五篇

漢字的負面影響

第一章　人類語文之演進

　　中國人喜歡吹噓漢字的美麗，你看，那草書，美極了！也喜歡漢字的溫馨和賣相。例如安或好字，多合理，屋簷底下有女人持家，母親不在家就寂寞，多溫馨；一子一女相對而立，一龍一鳳，多好看。奇怪的是中國自古以來，女子一向是男子的附庸和權貴人家的玩具，哪來的合理溫馨？又誰

說家裡有女人家就平安、安寧，萬一是位悍婦，那怎麼辦？有子有女真好，最好他們乖巧又孝順，不然有你夠受的。中國的漢字只助長（analogy）類比，也只具有類比的功能而已。不像拼音文字（phonetic alphabet）是抽象並且比較精準，就不會如漢字一樣產生望文生義，而較能從事抽象的思考和從事真相的描述。譬如我們只簡單舉二個例子。當年縫紉機一問世，面對機上近數百個小機器的名稱，漢字就無法應付。漢字沒有如英文一樣有著造字的機制（morphology），文字之前、之後或字根（即 prefix、suffix、Combing form 等）稍一變化就變成一個新字，而新字的來龍去脈也同時點出這是 formative、derivative 或 inflectional 的功能。例如字尾加 er，成 shorter，ful 成 faithful，加 s 或 es 如 dogs 和 boxes，ed 如 loved，ness 如 kindness 等。漢字就乾瞪眼，只能用其他的方式來表示，變成短一點、忠心的、好多隻狗、好多盒子、愛過。最後談仁慈，是指抽象的概念，但多仁慈，漢字又不如拼音文字精準。

漢字不僅在單個字體上無法如 phonetic alphabet 一樣變化多多，如果是極其複雜的機械裝置，如上述縫紉機的零件，漢字就無法應付，只能以機頭、機中、機尾，甚至機頭右上角室，機中再分頭機中、小機中等等才能清晰指明我們要說的是哪一個部件。縫紉機如此，那麼火箭呢？我敢打賭，台灣近日升空的衛福五號，裡面各種設計圖片，製造計劃等不可能全部使用漢字，設計人員、工程人員的討論時，容或以中文進行，但談至細節，機器、小零件等等，你不用到原來英文字，你就說不清楚你到底要說的是哪一支螺絲釘、哪一個零件。以上的例子，說明漢字要從事實際的機械工程等科技都已經力不從心，遑論涉及到又抽象又精準的哲學等思想性的思考。

　　在數學和邏輯兩者使用文字相當少的知識領域內，使用漢字的年輕人就不會比不上使用 alphabet 的年輕人了。譬如台灣和日本的中學生，在世界上數學奧林匹克大賽上，表現一向領先。不過這些年輕人一旦長大，表現就差了。因為他受到象形且符籙式漢字的影響，腦袋瓜子已糊塗了。如果他

後來沒有到國外留學，具外國語文能力，他大概確定 Nobel 獎無緣，而他也只能在「漢字」流行地區混了。這意思是說，高深的思想和科技的書，漢字翻譯不多（至少與日文翻譯書相比，簡直差多了），並且由於毫無意義、完全抽象的字母，變成有血有肉、有金有木的漢字後，也會多少走樣。因此，翻譯書已不同於原版書，已經是一本「新書」了。其次，翻譯書已經不多了，又加上漢字文書連續的「變色變味」的「轟炸」，以漢語文為母語的人士，長大後在起跑點、就業市場和甚至爾後的人生發展上，一般說來，就已經比不上歐美人士了。

另一方面，後者（即拼音文字）對實驗的正確和研究結果的報告，語意遠比漢字明確，因此對科學的演進、助力顯然比漢字來得更大。由於漢字語文均不太精確，加上又逐漸走上符籙化，於是乎漢字只能以類比方式胡亂比對，譬如人的命運對上天上星宿的關係，人的一生與姓名筆劃的多少等，這些原始民族的粗糙迷信，透過漢字，竟然一直流傳到今日。中國真是一個尚古和野蠻的民族。

以下我們進一步針對漢字的落伍和甚至語意相互衝突等等弱智的機制和現象，做一個簡單地分析。人類之所以異於禽獸，最大的特徵就是人類具有語言，而由語言進一步形成文字，之後人類的思考即是由語言和其文字所主導或形塑的。

　　研究西方有關觀念進步的歷史，我們發覺幾乎所有人類的知識、科學、數學、法理學、經濟、宗教、社會學、資訊學等通通源自他們的溝通，撰述的文字即由 phonetic alphabet 構成。這不光是文字可以書寫和溝通而已，它也是一組有系統的資訊，和有助邏輯思維和思考的工具。譬如談到分類資訊和排列組合，漢字要如何像 abc 一樣的次序分類又如何以 def 來分等級？有關 alphabct effect，語言學者已討論甚多，且先打住。（註1）

　　話說人類歷史，人類約在三萬年前就懂得用石頭、獸骨等當作計數單位來計算，但這還不是文字。約在八千年前，人類才進步到用泥土燒製擬物小物件來計算。至八千年前爲止，已經由約二千件左右進步到約二百種不同的小物件俾進行記數和從事簡單的交易和記錄了。這些客觀的物件，當然

也協助了人類脆弱的記憶力和助長了酋長或族長的統治。

　　距今六千年，終於在西亞和埃及開始創造了我們今天所認可的文字系統。一般來說，初民的文字的演進，大約可以分為三個階段。首先是象形或圖示文字（pictograms，ideograms），早期的埃及、蘇美人和東方的「中國人」都是其中的前驅。第二階段則由象形進化到比較容易辨識和容易製作或書寫的文字，如中國的甲骨文進化到大篆小篆，古埃及的 hieroglyphic writing 或 rebus writing。以上可說屬於此類型的典型圖像。圖像雖然簡化了，但同時也注入大量的心靈或迷信中的元素。蘇美人的楔形文字也屬於此類文字。中國的漢字進化至隸書楷書，也可以說大部分在精神上還停留在商周時代的文字，此時的文字是有著驅鬼迎神的功用的。這種符籙文字，今日的道教道士在做法事時仍然使用。這是人類相互溝通的文字，一下子躍進到人神相互溝通的工具。至今，逢年過節，海外華人和台灣人仍然紛紛在大門貼上這些吉祥的奇怪文字（大都可猜測出來），道士的符咒乃是溝通鬼神，不是給活人看的。

上述蘇美人的 cuneiform 文字後來逐漸敗給抵達地中海東岸的腓尼基人所傳入，而以語音為基礎所改良的簡單符號，即 alphabet 文字。不過當然此時仍不具備母音（vowel），因此仍不完備。一直要等到公元 2000 年前的希臘人，才可說將西方的所謂拼音文字（phonetic alphabet）確定下來。於是乎希臘文明接著降臨，影響到後來的所有語文系統，包括梵文、泰文、蒙、滿文、阿拉伯文。獨獨漢文還一直堅守象形文字系統。有學者以為這是中國人崇古尚古的儒家思想的鼓吹外，就是天子以此書寫的象形文字有利於統治，以少數文字圖像來溝通，既可避開各地各族不同的語音，更可以以此少數的書寫文字來溝通各地的統治者，漢字的功用可說夠大、夠方便了。書同文，車同軌以便於管理。一般老百姓是無緣無力親炙這套文字溝通系統的，說穿了，「文盲」容易受騙，容易威嚇，也容易治理。

漢字的負面影響

第二章　漢字符籙化現象

　　獨樹一幟，「傲視」古今，這是中國漢字給予世人的印象。全世界從遠古的蘇美一直到漢文圈內的同志們都紛紛棄象形字體而去，只有中國死不改革，還自豪不已，洋洋得意。譬如越南在十九世紀中終於被新的殖民母國 —— 法國 —— 給改爲以語音爲基準的文字，即我們所知道的 phonetic alphabet。十五世紀左右，一直對中國文化及政制亦步亦趨的朝鮮也在世宗皇帝的改革下，走上拼音，而再創作一套獨特的拼音字母爲今日的韓文。換言之，新創一套符合語音和書寫合在一起的語文系統，要比面對漢字來得方便學習。漢字之使用，有如天天在玩「猜謎」遊戲，猜發音，猜語意，好不累人。至於到近代一直想與中國爭霸的日本，則也去蕪存菁，將漢字部分保留，同時再依漢字字形創造片假名，以因應日人的語言系統和思維系統。因爲二者息息相關，什麼樣的語言系統，就會限制住使用這種語言的人的思考。因爲思考是必須以所使用的文字和其文法（即思考的邏輯）去進行

的。因此語言系統不夠清晰，不合邏輯……，如果再加上同義字、同音字一大堆，一如漢字漢語系統，那麼這就成了整人、擾人和瘋人的一套工具了。尤其漢字的單字單音更加深漢字的不易學習和理解。整個漢語的語言系統也不過才 1,380 音而已，而基本的象形漢字也不過才約 2,365 個字，古代以象形、指事、會意、轉注、假借等不合語言學原理方式將文字擴充到今日約七萬餘字，語音仍還停留在 1,500 音左右，於是乎同音字、同義字更加紊亂。不要忘了，漢字已經因為歷代的人亂創造字，也有朝代懶得造字，於是又發明出一種所謂的破音字（即同一個字卻有不同發音）。老實說，能搞懂讀出二萬個字以上的人就可稱之為現代的高級知識分子或古代的博學鴻儒了。不寧唯是，近代和現代中國整個踟躕不前，漢文字的殘破當然是一大原因。

　　由於漢字具有以上的缺陷，因此在今日也大大影響翻譯的工作。如何正確地依中國字母（文字）了解？往往一經翻譯，漢字一出現，就可能走精了。舉個最簡單的例子，在台灣的年輕人針對外國人稱讚的語言，依語音相近，乾脆就直

接翻爲「酷」。好酷，酷斃了。對青年人來說，這絕對是可以了解。此音翻譯得太相似了，跟得上潮流。然而對古板一點的現代人來說，看不懂。酷是指什麼？是美、好、讚，或行！到底比較接近哪一個字義？新的意思是指好的一面，與酷本身原來的壞的一面的意思完全相反。這類的字（正反兩極所具有意義的字）一多，使用者不精神分裂才怪。

再申論一下，每個字都具有獨特的精確意思，那到底是什麼意思，如果是指好的意思，爲什麼要採用這個酷字，聲音雖與英語相似，但是這卻是一個與好、美等完全站在對立面的字。酷指的是冷酷、殘酷，簡直胡搞、胡譯。目前的漢字，爲了廣告需要，大量使用同義字或同音字，以取得最大的廣告效果，殊不知，如此一來，將本已語義不清的漢字語文系統更弄得不堪，我相信，大概百年之後操漢語者罹患精神分裂症、心神耗弱症的比例一定將大爲提高。說不定，百年後，那些義和團子孫，還可能會人前人後吹噓中國人早就統治全世界，出產近百分之百的諾貝爾獎得主。因爲少部分的得主，一看就知道是日本人，其他的，個個都是中國人。君不見，

姓華的成爲美國開國元勳，華盛頓，鐵定是華家後人。而華家很可能正是早期明亡後流亡至北美洲的中國人。義不帝秦；愛國有種，是好樣的。我相信這種笑話可能成眞。因爲語文的關係，中國幾千年來在知識和思想界，對人類的進步，可說繳白卷。漢語文如果再不加以改良的話（註2）鐵定百年後世界的精神病患者，中國人將佔了一半。可能讀者不太相信，漢字已造成中國人根本上的認知和思考能力退化的地步。

以下再舉兩個例，並且進一步分析全世界拼音文字，特別是英法文等以 a、b、c 爲字母的語文系統所能帶來的正面的用途。首先個人翻看一下字典，發覺漢字同音字簡直多到受不了的程度。譬如光是 shih（第一聲）此一發音，共約 120 字發此音。不過古代中國人（漢人）在語言的演進上將 shih 再進一步分爲陰陽上去四個音，這也是通說中國語言有四種音調（Tone）的理由。

將一個聲音發重音或發輕音或拐個音，一共四個音。但不要忘了每一個輕重音也都有好幾個音同、義不同的字。如此一來，這已經不是語音或語文系統，而是檢驗「病人」聽

力、眼力和精神正常與否的一種檢驗圖表或方法了。這可說根本是折磨人的一套辦法，除了以漢語當作母語外，任何人都無法將漢語說得十全十美，漢字認得透澈的。

再來舉個例，不要不服氣。

儒家學說（又稱之為孔子學說，或簡稱為儒教）在中國可說無人不知，個個心存「敬意」吧！儒從需，義和團人士說正是人人需要，從一出生到死亡，都必須沐浴在儒家的大道理之下。既然如此，何以換上心旁，就成為懦，變成膽小鬼，不是應該造字時先說明清楚嗎？又繻，你會唸？蕎？臑又有兩個發音，果然造字時指明與肌肉有關。但哪一部位的肌肉？是人的牲畜的？又襦字也跟衣服有關，造字的前輩，令人佩服。又瑞呢？糯呢？鑐呢？最不應該的，就是將虫字與人並列，大大地玷汙了儒教的神聖，竟然有蠕這個字。漢字有如猜謎，令人莞爾。

再舉一個例子，輕鬆一下。樂，當作快樂的樂，也可讀作月，指音樂的意思。又可以當做人的姓名，還好，仍發音為月。也可當作地名，讀作ㄌㄠˋ。共4種音。以下這些以

樂爲主而造出來，或以左邊部首爲主，何以右邊要取樂（勒或月？）造字，就不得而知了。全部都讀懂，那可眞是不得了的人物了。

讀歷音：櫟、躒、礫、轢

讀要音：藥

讀虓平音：嚛，又讀喉平音

讀ㄕㄨㄛˋ音：爍、鑠

讀洛音：濼

　　總之，人類的語文系統，分別了人與禽獸，產生了思考，並且記錄下來可以當作參考資料。人類而後科學、文學等等都是拜語文之賜。因此人類的一切發明之母（invention）應該歸功於語文系統。語文系統不如人，說明就先天差人一截。如果再加上漢字不以母語爲本而創造出來的語言文句系統，若後代了孫仍抱殘守缺，以尙古服從專制，緊抱團體而泯滅個人性靈和自由那就完了。當然中國從宋代以後，制度、思

想、文化、文字僵固了千年，終於真正走入思想落伍，心靈退化的地步。義和團式的狂熱和無知，以及愚蠢和自私自利，不過是此一僵化和反人性的制度自然的演進後果。弱智的漢字系統當然扮演了一定的角色。

拼音文字（phonetic alphabet）持平而論，語言和文字都是人類數千年來，慢慢地演進過來的。今日各國以及各族的語言，大致是在十六、七世紀才逐漸定型的。歐洲的英、法、德、意是如此，中國的官話也是在滿清入關百年內才逐漸定型，不像閩、粵、蒙、藏他們的語言定型要比官話早了幾百年，甚至幾千年。中國建政後迅速制定及尊重各民族的語言，此舉比台灣的國民黨政府早了半個世紀以上。

我們再討論一下拼音文字，姑且以 26 個字母的英文做說明。英文乃是二、三千年前由當地的賽爾特語，德國的安格魯語、薩克森語（日耳曼安格魯族和薩克森族）和北歐的日耳曼語（大概以今日的丹麥、北德和瑞典語為主），加上十三至十五世紀的諾曼族（日耳曼族一支）的北方法語（類似今日法語）等揉合而成的語言。約在維多利亞時代成型大

備。

英語以 26 個聲音字母構成，今日英文字大概已超過十萬個字以上，但還是由這 26 個字母構成。同時也不像法、西語等，各詞分陰陽，字母上下還有標記以助其發音，可說是相當簡潔的語言文字系統。

它的優缺點如下：

首先，26 個字母依次序排列，此一次序可當作分類和字典、電腦等查詢時的依據（不像象形文字的字典，不管是採部首或三角五角編碼，都不太理想，還要「猜謎」一番）。此特性對人類思考中之順序、次序和生活中之分類，幫助很大。

其次，此字母皆為抽象，與實體毫不相干。中國人抽象觀念不甚發達而比較傾向於具象的圖像和思考，大概與漢字的具體圖像有點關係。換句話說，中國人抽象能力較差。

第三，由於由 26 個字母組成各種長短的聲音和文字，因此不像漢字，同音字和同義字多得除非是母語人士，不然準會發瘋的地步。加上英語師承希臘和拉丁語文系統的文字

系統（語言必須文字化，才能修改和改革，更臻進化），如 prefix、suffix，或醫、生物學、地區等的文字開頭或結尾的增加；甚至文法的修訂後更為精準，各種不同詞句如形容詞、副詞；不同句子，複詞、時序等都使得文句的清晰和精準得達到令人嘆為觀止的地步。此即英文文法遠比漢字文法精準科學多了。譬如法文之得以從十八世紀以來就列為各國締約的書寫語文和外交語言，即此之故。精準，少有同音字和同義字的干擾；時態或敘述願望、附加條件的語句等等，皆清清爽爽，不拖泥帶水。進一步，單數複數讓你搞清楚，全天下人物都分成陽性陰性，免得將最重要的行動者、主題、主角給搞亂、搞錯。這一點，漢字簡直要命，語焉不詳是正常。加上獨特的虛偽或顧全大局的團體性思考，個人的意見和真正意見往往無法從言談文字中得知，真是急煞人。

除了思考清晰，合邏輯，有次序，比較精準又是抽象的字母因此利於科學性的探索和思想上的突破。最重要的是易學（對母語者來說，只要懂得26個字母和一週的訓練）易懂，易於自修，易於觸類旁通（懂 pre- 就可以舉一反三；懂動名

詞之 ing，就可精確知道在幹什麼，是進行式而不是敘述已完成的動作等等。不像漢字，容易望文生義，或者詞義字義不明進行猜謎活動），此所以英文中有 morphology，也有 law of phonetics，使得語文更加科學和精準。從以上的簡單分析看來，漢字早已淪落成為不太科學，不太容易從事學術，甚至反科學文字。漢文是原始的語言和文字，基本上只有本族的人說、寫、讀而已。因為它不是科學或學術和哲學的語言。以此語文發表的著作和論文也少得可憐，與其人口不成比例。漢字只好朝向修身練字、美學前進，不再是溝通和思考的工具了。

最駭人聽聞的，漢字竟然不思振作改良，反而朝迷信巫術方向走去，逐漸成為符籙的一支，助長了民俗、巫術、低俗教義的流行。總而言之，漢字在今日網路和科學發達的時代，已實際上成為弱智的文字系統了。

第三章　漢字是弱智文字

　　中國人除了自詡漢字的美學效果外，還津津樂道它的情報和隱匿效果。譬如百年前的女書就有如此的效果，當時一些受壓迫的女性之間互訴衷曲的祕密文字，換句話說，她們將漢字改動成爲只有她們團體的人才懂的字，這當然具有情報和隱匿的功能。不過，漢字的情報功能眞的比得上 26 個字母的反覆排列組合的隱匿性？ 26 個字母可以弄得根本不像一個字，字母也可以亂顛倒，但漢字就不可能如此隨心所欲的改動了，由於漢字的諸多缺點及其不利於邏輯、科學和思考，因此中國人在創新的領域上也大大不如歐美人士。從智慧財產權 IPR 的登錄上看來，台灣和中國這兩個漢字國家的登記項目上面，明顯的看得出來在 innovation（改革）如機械裝置或程式等的改良方面，比較突出。至於在創新性的項目中，與歐美的相比，就差得很多。個人以爲這最大的原因即在漢字的文字系統。Innovation 上尚可發揮，在 invention（發明）方面，就差多了。

在軟體方面，中國人比較不行，也是這個道理。弱智的漢字語文其「猜謎」甚至「反邏輯」、「反思考」的內在因素限制和弱化了邏輯、基礎性的思考。這就是說中國再不從此一最根本的漢字語言系統加以改良，在網路和資訊時代，APP 的開發不可能有你漢語人士的貢獻的。小改良可以，大研發，不可能。

註　釋

——註 1

　　參考 *The Alphabet Effect:The Impact of the Phonetic Alphabet on the Development of Western Civilization.* By R.K. Logan, 1986. Published by William Morrow & Co., Inc.

——註 2

　　有關漢字之改革，事關操此語文人士的學習難易和時間，

思辨的合理與否和表達的清晰等重大因素。可惜百年來除了清末民初的前輩注意及此和中國共產黨建國後匆忙地簡體化正體字和以英文字母做爲漢字拼音以外，漢字一直躺在古老廟埕，紋風不動。漢字再不改良，使用者將在人類智能的發展起跑點上，就輸給他人了。站在改良最少以盡量維護此一語文的優良性格，和盡量聯繫古今文獻的一貫性和使用者的習慣等等，個人建議漢字語文系統做以下改良：

1. 教育部單位下設漢字語文研究所，以隨時定期整理、合理化漢字語言和文字系統，與時進化。

2. 現行漢字依台灣教育部公佈之通用漢字爲準，共以設定3,500字爲基礎。並加以合理化、合語言學化以及簡體化。

3. 所有外來字（重要人名及地名）和各種概念則以 a. 直接外文（即以英文爲基準）寫上，或 b. 以台灣之注音符號爲基準而再加改良（如日本片假名方式）以應付外文以新創之文物或概念。個人認爲當以 a 爲是，省時省事。不過，爾後漢字書寫一律改以由左至右橫寫爲主。

4. 爲使得現代漢字系統之現代化，台灣必須同時施行以下配套，不然功虧一簣矣！

a.　各民族語文一律平等，並使用 phonetic alphabet 系統；

b.　由小學四年級開始傳授英文。自初中、高中、大學英
　　文教學方面，設有全年英語教學制度。其他一般教
　　學仍然採取高中、大學選修制度。初中仍保持必修。
　　詳言之，小四迄小五兩年小學，初一（小六）至初三
　　（小學五年制初中三年制），英語文爲必須，每週五
　　小時以上。至於高中職以上，除非上全爲英語教學之
　　課程學校外，則仍可以選修爲主。

　　不改良漢字語文系統，操漢語人士從此會眞正落後於工業
資訊先進文明國之後，「絕對」無法追上；而操漢語人士如無
以英文爲輔助語文，與漢語、各民族語言三者並列，將來操漢
語人士之子孫，將無法融入外人世界和英美日歐之就業市場。
操漢語人士屆時則只有野蠻文明之中國就業市場可供選擇矣！

第六篇

大崩潰的分析

　　一個政治組織或社會，突然一下子解體或者喪失功能，而由另外一個形式的社會所取代，或混亂不休、久久無法重新建立秩序，此謂之大崩潰。

　　二千年前希臘城邦國所組成的鬆散的大社會與當時中央集權的波斯帝國成爲尖銳的對比，但此仍是尙未失序的社會。歐洲中世紀的封建組織逐漸被後來的民族國家和社會所取代。或者由於工業革命以及思想和科學革命，慢慢地帶動了原來的社會改頭換面。又如社會結構改變，由大家族換至小

家庭；政治結構也一樣，由家族貴族統治不是一下子變成民主法治制度。這些都是典範的逐漸改變和社會逐漸變化，這些都不算崩潰。

我們可以從人類的歷史演進得知，一個社會或政治組織是由血緣的家族、個人獨裁和專制的帝國政治，逐漸朝向由個人或個人組成的團體或政黨，走向一人一票在公共論述中決策的民主法治。這也是社會主義者或共產主義在十九世紀中葉迄二十世紀初所大聲疾呼的，政治要由普羅大眾，即佔多數的工農和一般貧苦大眾來主政，走向社會安全福利制度，而不是由少數的資產富裕和權勢階級來掌握一切。因此 1789 年的法國大革命是舊的帝制貴族社會一下子垮台，即崩潰；而上述的共產黨（布爾雪維克）以武力推翻帝俄的政府改為共產社會，這是革命，但也是舊社會的崩潰。組織一下子垮台，支撐舊政府和社會的價值系統也換了，這就是所謂的崩潰。不幸的是在中國，雖然號稱由中國共產黨領導，但骨子裡，政治上仍然一黨專政或者由黨中極少數有力者掌握，與五千年的天子和皇權至上的政治，殊無二制。中共的崛起算

不算國民黨崩潰？還是「皇權至上」，可以看做是「復古」？經過建政半世紀以上，中國的經濟社會仍然由少數權貴統治階級一把抓，仍然官商勾結貪汙流行，跟五千年的傳統仍一脈相承。不寧唯是，為非作歹的不僅官商而已，早已擴大至軍隊、婦女及大小公務員，墮落到「無官不貪」，無人不貪的地步。

中國何時崩潰，以哪種方式，從哪個地方，哪個機構點燃崩潰，成了國際上一些學者專家大感興趣的問題。本篇先討論從哪裡崩潰談起，下一篇進一步分析到底是怎樣崩潰的，又約在哪一年會崩潰，是全部崩潰或一大塊、一大塊地崩潰。

一般說來，社會科學中的政治學、社會學、歷史學都對於一個組織的解體或社會的大崩潰感到興趣和有一點研究。坊間此類的研究報告和書籍也有一些，很容易取得。以下我們綜合地分析一下，中國那麼一個領土龐大、人口十三億而又歷史文化幾乎幾千年來變動不大的「怪胎社會」，到底會從哪方面開始「突然」崩塌。

我們試著從以下幾個面向（aspects）來分析一下。

（一）人民與政府間的互信成了問題

也可以說政府的公信力出了問題，在共黨國家，特別是中國這類集權經驗歷史悠久的國家，人民從來就不受政府信任，人民也不能自由結社，幾千年來，互信原本就是不存在的。

統治階級不管是同族或異族的皇親國戚，只要腐敗得不過分，做慣順民的中國人民是可以原諒他們的。譬如異族的滿清入主中原，幾次狠狠地撲滅「反清復明」的動亂和反叛後，良善的漢民族也擁抱這些外來的異族殖民統治者，全不思及揚州十日、嘉定三屠，還大加盛讚乾嘉盛世，與漢唐共稱中國歷史上三大盛世（但每一盛世，都也發動戰爭，擴大領土和殺戮成千上萬的反叛分子和無辜人民）。因此統治者是否腐敗不得民心，即公權力（武力）是否流失，才是崩潰與否的重點。只要公權力還能施行，凶狠地將人民教訓一頓，不管是異族或同血緣，江山還是可以保得住的。

最近幾年，中國的維穩費用一直躍升，自 2010 年武警（名目上的而已）年經費已高達 1,313 億美元，逼近國防費用。

而從 2015 年起,維穩費已高過國防費,高達 2,000 億美元,足見,中國人民的抗爭或「反叛」,已達到警戒線的地步。據說,抗爭或聚眾滋擾等已達年爆發近二萬件了。

再觀察一下這一兩年中國大力控制網路和媒體,將人民約束在較無「雜音」的「鳥籠」裡,明(2018)年開始,據云,全面入網,每人一卡的社會信用卡有能力將全中國人民以無形的制度關入「動物實驗室」。如此說來,中國當前的公信力和公權力都已達到令人擔心、關心和好奇的地步。不過,到底會在哪一方面、哪一個確實的社會組織裡發生崩潰的爆炸點?只能猜謎了。

(二)制度或組織方面的衝突

經濟方面,中國是否會突然由於政府的無能,GDP 的不斷下墜(中國的經濟發展自 2015 年起已逐年下降,不過仍維持在 6% 多一點的百分比);或者石油天然氣等之突然中斷,遭輸出國封鎖,導致整個經濟崩潰?

除此之外，中國現在也有好幾頭「灰犀牛」蠢蠢欲動，讓人擔心（編按：「灰犀牛」乃指顯而易見卻屢遭忽視的潛在危機）。說不定，哪一天，突然會變成「黑天鵝」（編按：「黑天鵝」乃指無法預測卻衝擊巨大的事件），一下子經濟全面崩盤，一如 2008 年美國的金融危機一般。這幾頭「灰犀牛」，比如地方債、影子銀行以及產能過剩等都是。最大隻的灰犀牛，就是房產泡沫，是中國國內外大家戰戰兢兢注目的大問題，人人心驚膽顫。

　　譬如中國家庭房貸支出與收入比從 2006 年的 33%，到 2016 年已倍增到 67%，這幾年增速尤其驚人。話說 2008 年的金融風暴前，2000 年美國家庭平均房貸支出佔收入比是 65%，2007 年已爆表到 101%。2018 年後幾年內，中國的 67% 會爆表到？……依過去每三年翻 30% 來看，也就快到了。怪不得一些台灣和美國的財政金融專家，並不看好中國政府的財政操控能力（如地方政府並不甩中央政府；而且，地方和中央有關財金官員紛紛逃赴美國當寓公），認為中國的財政在 2020 年一定崩盤。

再如在全球金融風暴屆滿十週年前夕，哈佛大學經濟學教授 Ken Rogoff（前國際貨幣基金 IMF 首席經濟學家）即警告，中國沉迷於舉債和依賴投資來拉抬成長，一旦這種經濟模式無法支撐下去，恐引爆嚴重的金融危機，危及全球。而 IMF 於 2017 年 8 月 15 日更在年度檢討報告中慎重提出，儘管中國經濟短期成長前景較預期快，但中期突然出現「破壞性調整」的風險越來越大。因爲中國政府依賴「刺激措施」來達到經濟目標，不願遏制處於「危險」水準的債務。預計中國至 2022 年非金融部門的債務總額將達 GDP 的 290%，遠高於 2016 年的 235%。而過去一年即 2016 年，中國在國企改革（習大大的大工程之一）進展不大。IMF 進一步警告，中國經濟成長加快的最大成本是公共和民間債務的大幅增加，IMF 指出，更高的債務規模將減少北京的「財政空間」，更難以應對金融市場的任何潛在危機或投資人對理財產品「失去信心」的情況，而這類產品的銷售造成中國影子銀行業的快速擴張，從而更全面助長了「財政危機」（註 1）。因此，儘管如 HNG 集團和馬雲等大集團企業以及國企方面，一一

暴露出債務問題，但個人認為，習大大那一幫當權派一定會全力挖東牆補西牆的搶救。就算 2020 年破表，中國的經濟還是會在搖搖擺擺中匍匐前進。崩潰處不在此，財政金融此項還不足以推翻共產黨的「農場」和統治。

（三）軍隊譁變，玩自立為王的把戲

當然有此可能。為避免此一狀況，習大大重新全面掌控軍隊，對外也對內。對內方面，將七大軍區縮減至以對付國內事件為主的五大軍區就是一例。全面崩潰時，軍區有可能聯絡省或特別自治區宣佈「獨立」，一如二十世紀初推翻滿清的作法。其二習大大不僅擔任黨中央的軍事委員會主席（此乃循舊例），也親自兼任軍事改革小組的召集人，將軍權牢牢控制在自己手裡。最主要的，重新高舉「黨指揮軍」的傳統，要求軍隊必須服從黨的指揮。「黨指揮槍」而「槍桿子出政權」此正是毛澤東人民革命的基本鐵律。2017 年 8 月建軍節，在前頭部隊行進時，黨旗為先，中國的五星旗在後，此一動作，也不外說明此一現象。

（四）天災人禍所帶來的意外

由於過去自改革開放以來的二十年間，全力建設，以及瞎幹、蠻幹，既談不上訂定國土規劃也沒環境評估報告等制度，而各種所謂的專業評估報告也是聊備一格。開發中國家所具備的狗皮倒灶組織倒是一大堆，因此中國的土地和空氣汙染已達到非正視不可的地步，大地已開始反撲。有人因此而預言，中國的全面崩潰，可能不遠了。以下只舉幾個例子。在六大都市表面光鮮儡人的大都會光彩中，做為「中華水塔」的青藏高原三江源已逐漸沙漠化，過去被稱作野生動植物的「基因庫」，草原廣闊，湖泊眾多，現已生態惡化和沙漠化到令人憂心的地步。又如內蒙古草原也因引進（註2）戕害草原的羊隻，加上其他不良政策，沙漠化也已擴大到不能忽視的地步。為了全面建設，超英趕美，全國約十萬座的水庫，由於承包制度之不良和官商勾結，40% 不安全。在 1963 年就發生過 200 座水庫發生潰壩情形，調查結果原因不明。又譬如三峽大水庫，根本是豆腐渣水壩，目前小毛病不斷，何時潰堤也是令人提心吊膽。

而因各大工廠的建設和廢棄物的不當處理，造成遠超過五分之一的農地的汙染物超標，威脅食物安全，我們不知道佔世界人口 18% 以上而其所居住地只佔世界 7% 的中國人，今後將何以自處？學習海軍搞個米糧金策到世界各地和平或非和平地爭奪糧食？

　　在中國，不僅土地，水汙染也到快無法忍受的地步。而空氣汙染也超標到 WHO 所公佈的最大安全標準（maximum safe level）十倍以上。（註3）

　　在衛生和食物安全和傳染病防治方面，中國也是有名的聲名狼藉。幾年前的 SARS，就是中國把台灣和亞洲搞得雞飛狗跳的。有沒有可能因天災而造成人禍，因人禍（官員隱瞞、處置不力或無力處理等等原因，又，核禍亦列為人禍）而造成人民群起抗爭，演變成大規模的抗暴甚至內戰、革命，最後中國共產黨一命嗚呼？我們認為有此可能，但中國二千萬共產黨員太團結了，爭著做黨官和官員，努力出人頭地，一有風吹草動，黨軍飛奔而至，萬眾一心……。暴動的可能性極低，因此，由此一因素崩潰的可能性也是不高。

（五）爆發革命

一如十八、十九世紀歐美拉三洲的民族革命或反殖民戰爭，又如共產黨本身在帝俄發起的布爾雪維克人民革命。這種革命，在中國可能在近期內發生嗎？鑑於社會主義或馬克思主義都已進入後馬時代，歐美各國只有左派的知識分子而已，沒有毛派或純社會主義的武裝暴力分子。而左派的勢力也只能留在左派加民主的陣營裡與右派從事議會的民主鬥爭。革命的熱忱已去，60、70年代的浪潮不再。改革開放後，中國本身的左派分子也一直欲振乏力，殘存的幾本宣揚左派的雜誌已逐漸被迫離開市場；而一些「左派」分子也受到排擠和入獄，加上連紙上革命的言論自由在中國根本不可能實現，看來，革命無望，靜佇天罰到來而已。

（六）王位繼承的老戲碼

個人認為此一可能性發生機率最大，在完全集權的體制中，因高層本身的分裂、爭權互鬥導致該機構或整個社會崩潰。

以西洋歷史為例，只有暗殺皇帝或最高權力者才有取得皇位，攫取權力的可能。要殺皇帝，在重重維安機制下，殊不可能，更何況，如無一股力量做後盾，殺了最高權位者，還是難逃被殲滅的可能。因此過去在西洋，由皇親貴族率領，聯合軍隊，最好是衛戍部隊，才有成事的可能。在東方，同樣的戲碼，做了宰輔或大官的士子集成一個小集團和聯絡部分軍隊，然後打著堂堂的為生民為社稷請命或靖難等口號，如此弒皇，造反（在中國幾千年，還沒發生過現代定義的革命），才有正當理由和成功的可能。

　　下一篇將進一步分析為什麼會以爭奪國家和軍事主席或黨總書記（即古代皇上或天子）的位子為引子，才足以導致中國政治和社會實體的崩潰。我們認為時間當發生在 2031 年，而不是一些海外民運團體所宣稱的 2017 年；或美國財經學者所推測的 2020 年；也不是美國著名學者 David Shambaugh 在那本近著 *Coming Chinese Crackup* 中所預測的 2025 年。

爲什麼是在 2031 年？由於個人不是鐵嘴直斷的江湖術士，所以眞正的意思是說，一切跡象顯示和研究所得，大概就發生在 2031 年左右。2032 年，新人新政新中國的五年計畫將出爐，2031 年正好是下年幹大事的好年頭。

註　釋

——註 1

　　請參考〈IMF：中國債務過高恐爆破壞性風險〉，《自由時報》，2017 年 8 月 17 日，投資理財 C3 全頁。

——註 2

　　請參考《歐洲日報》p. 26，15-17 février 2005 神州鄉情版。

——註 3

　　參見 "Pollution in China"，*The Economist*, 10 June 2017.

第七篇

「王位」繼承問題

第一章　習大大第十九大的大佈局

　　依前一篇的分析，中國一個那麼龐大的國家，擁有全世界四分之一的人口且為世界第二大經濟體，要一下子崩潰的可能性是不高的。引起崩潰的問題點雖多，但可以阻止情勢繼續惡化的方法也很多。唯一崩潰的最大可能就在黨內有人起來挑戰第一把手。內訌、派系、動手，這才是崩潰的主因，

這也才「符合」中國幾千年來皇朝崩解的歷史主軸。沒有外患那就內亂。中華人民共和國斷然不會發瘋到因主動發動戰爭而崩潰，但因爭權「王位」而引發內戰，卻會隨著今後時間的累積、經濟成長的衰退和國內外局勢的險峻而加速的到來。

即將於十月或十一月舉行的十九大，高層人事佈局的順利與否以及誰是今年習大大所獨衷的副手，就是整個關鍵所在。因爲此一副手將在習大大的提攜下實習五年，之後，於2022年在習大大輔佐下擔任下一屆的最高負責人。（編按：十九大於2017年10月18日於北京召開，會期四天。）

目前，誰是副手，謠言滿天飛，實在增加了我們預測的難度，五年後是不是順利由這位副手出線正式擔任2022年之後的「天子」，我們更無法預測，他會不會做滿五年？在2022年前會不會被習大大臨時換將？或一如外界的猜測，習大大乾脆取消副手乙職或在副手任期（訓練）中拔掉而取消副手乙職，另推薦他人，或自薦以代，甚至幹起終身執政，追隨起法皇拿破崙一世？我們目前通通無法下斷語。但我們

依據所有的走勢，幾乎可以斷定的說，問題就出在習大大的副手身上。未來十五年期間，中國鐵定會崩潰。2031 年的崩潰，習（大大）副（其副手）要負全責；沒有副手，習負總責。

第二章　2027 年的新佈局

2017 至 2022 年的副手，將於 2027 年把自己（在習大大幕後支持下）順利推上連任「王位」問題可說不大。有問題的話，就是看習大大屆時會不會以「太上皇」的身分，一再越俎代庖，或真正做一個影武者，一如江澤民所幹的玩意兒。

假定習大大自制而屆時的新皇（即將於 2017 上任擔任習大大副手或國務院總理的仁兄）在 2022 至 2027 五年內也幹得有模有樣，而國內外的局勢發展也差強人意，那麼可說謝天謝地。可是問題來了，2027 至 2032 習副聯手或副手獨撐大局，屆時能否再順利舉行全國代表大會？這就是本書的焦點。

第三章　新上任的天子

2022 年上任的「天子」（即習大大的副手或習大大第二任時的國務院總理）能順利在習大大的輔導下做完第一任，能做完第二任（即從 2027 開始的五個年頭）否？能順利的推舉自己的副手否？需知屆時理所當然的國內外局勢，全球經濟發展和地球本身的地理天候和環保等問題，而這些問題都將比起十年前（即 2017 至 2027 年）更難以處理。

人類的愚蠢和各大國之自私，屆時我們的星球所面對的和聯合國所要解決的棘手問題和危機，其困難度是可以在今日推想而知的。總之，2027 年以後的開始的第二任五年，屆時的「中國皇帝」在五千年幽靈下，在二千年以上的醬缸文化中，更在中央集權制度的僵硬體制內，這位「天子」是否有能力和睿智在分組分派的鬥爭中順利地幹完五年的任期？

簡單表示如下：

全國代表大會	年份	局勢預測
第 19 次	2017-2022	習第二任；選出副手 P 並加以訓練和觀察
第 20 次	2022-2027	副手（P）擔任第一把手並在習大大輔佐下克盡厥職
第 21 次	2027-2032	第一把手 P 選出副手 Pp，或選不出副手 Pp，鬥爭白熱化
第 22 次	2032-	新新中國誕生或？

第 22 次全國代表大會將於 2032 舉行，可以想像屆時習大大挑選的第一把手 P 一方面必須照顧到習大大及其一夥人的需求；一方面又要其副手 Pp 順利於 2032 年時擔任第一把手，坐穩集權力於一身的位子；另一方面則又要滿足自己身邊的人的各種要求、應付國際局勢的複雜，P 能安全下莊？除非那位習大大今（2017）年提拔的副手 P 是鐵打的，不然

在險惡的習大大身邊五年後，自己再幹個十年的艱鉅工作，這將越來越不可能。本書作者認為就是鐵打的、鈦合金鑄造的，那位 P 仁兄也無法挨過這十五年非人的煎熬。而國內外的複雜局勢也將逼得這位 P 仁兄到發瘋的地步。文革後幾乎沒有健全的年輕人，弱智的義和團人物怎麼有解決問題的能力？中國的崩潰是遲早之事，拖不過 2031 年。就是還不知中國內部高層的鬥爭，會不會讓這位 2022 年之後擔任第一把手的 P 大哥做滿十年？內外夾攻絕對做不滿十年，這是我個人的臆測。因為 P 不是超人，更不是神仙，在他第二任任期的後半段的二年半中，他大概無力掌控黨內的鬥爭。2031 年，他肯定撐不過。

就算十九大、廿大、廿一大、廿二大，習大大不設「儲君」制度，大權獨攬，那 2031 的崩潰可能會提早來臨。一群土匪，在反現代文明的義和團大纛下，要一統天下？作夢！

第四章　打台灣，救中國

　　為了減低黨內同志的壓力和國內累積的問題，以及國外局勢的動盪。更為了挽救中國，為了解救中國人民，中國的共產黨政府會不會動手打台灣？這個中國一向掛在嘴上「血濃於水，兩岸一家親」的台灣同胞，會不會被「武力統一」？由於此點非本書主旨所在，因此也就不申論。僅附上林保華先生2017年8月2日在《自由時報》發表的一篇文章（註1），我個人同意林先生的看法。我認為中國一定會對台灣開戰。情勢逼人，為了活命，延續共產黨的性命，這批今日中國歷史長河上的土匪，是會動刀動槍的。既是土匪，也就沒道理好談。要殺人放火，就殺人放火，廢話少說！

　　這批現代的土匪可能沒讀過《韓非子》卷八，安危第廿五的幾句話：「安危在是非，不在於強弱；存亡在虛實，不在於眾寡。」其次，蠢蠹有毒。到底鹿死誰手，還真未可知哩！

註　釋

　　以下全文轉載資深時事評論員林保華先生在今（2017）年8月2日在《自由時報》自由廣場上所發表的〈〈槍口下的台灣〉的六點感想〉。

　　　　　　　　〈槍口下的台灣〉六點感想

　　日前在臉書轉貼長期關心台海情況的加拿大專家寇謐將（Jean-Michael Cole）分享一篇由美聯社台灣分社前主任溫逸德（Peter Enav）撰寫的評論〈槍口下的台灣〉，提醒與警告台灣人要警覺中國可能對台灣發動的軍事侵略。

　　豈料我率先得到的一些反應，卻是指責這篇文章是在幫助中國與國民黨恐嚇台灣人。也許，許多人認為台灣有美國保護，中國不敢動手，大可偏安一隅，台灣國就可「天然」到來？

　　當然，我不認同溫逸德所說 2018 年是中國入侵台灣的最可能時機，然而我認為，中國入侵台灣的可能性，現在的確增加了。這有以下原因：

一、習近平是狂妄的冒險家，對付黨內政敵與對外擴張均如此。這是他的紅二代紅衛兵作風與不學無術決定的。由於他的獨裁，周圍會圍繞著馬屁精，因而造成對政局的誤判。希特勒在1941年6月開闢東、西兩個戰場；日本在同年冬天也過高估計自己力量而發動珍珠港事件，把強大的美國拖進火戰。正在走軍國主義道路的習近平，也可能出現類似問題。

二、中共高層的你死我活鬥爭一旦無解，習近平將可能以黨衛軍「統帥」身分統領全軍全黨發動一場對外戰爭來立威解套。對象可能是最軟弱而又「師出有名」的台灣。共軍演習多以台灣為目標，包括這次建軍九十週年；中共海空軍繞台已成新常態，以熟悉環境。

三、中國已經不把香港做為「一國兩制」的台灣樣板，顯示中國將以「一國一制」統治台灣，因此武裝入侵可能性大大增加。現在的統戰是以白蟻蛀空台灣內部，等待入侵而土崩瓦解。

四、台灣內部一團亂象。反年改隊伍將會是迎合中國入侵的社會力量，還有一批願意在中國接受免費招待的糊塗蟲。綠營內部為爭權奪利而把朋友當敵人，把敵人當朋友，

將失去對中國的抵抗能力；缺乏年輕人保家衛國而入伍的社會風氣，都會助長侵略者氣焰。

五、西方國家對中國的綏靖政策，助長中國的入侵勇氣。諾貝爾和平獎得主劉曉波被虐殺，G20 高峰會上沒有一個國家敢對習近平提出，就像當年的慕尼黑會議，鼓勵希特勒得寸進尺入侵波蘭，爆發大戰。

六、川普團隊的友台官員正在失勢，中國勢力可能包圍川普。這也許會是習近平最後拍板的關鍵因素。

可能性並非就是必然性，只要我們做充分準備，可能性就會變小；盲目樂觀而不做準備，可能性就變大。蔡英文一直做軍隊工作，社會改革採用溫和手法，減少社會的分裂，都是團結抗敵的良善動機。無論如何，台灣的最大敵人就是中國！如果習近平膽敢冒險一試，也是台灣浴血獨立建國之時。

（作者林保華部落格：http://blog.pixnet.net/LingFengComment）

第八篇

為什麼大家都不喜歡，
甚至討厭中國（註1）

　　如果這個問題成立的話，要檢討的項目很多。首先，擺明了根本是這個國家本身的舉止和言詞大有問題，不同於一般的文明國家。換句話說，中國太自我為中心，太霸道，有違國際慣例習俗和禮儀等等。如果是個人，那就是個人的教養問題了。個人的談吐舉止，令人側目、厭惡。譬如舉幾個目前正在發生的活生生的例子。

　　「針對中印對峙，中國說在這個事件當中唯一的解決方案，就是印度方面立即無條件將越界的部隊撤回到印度，這

是解決洞朗事件的前提和基礎。希望印度不要戰略誤判，中國在主權和領土問題上，從不退讓。」從第三者（國家或個人……）看來，好凶悍的口氣，中國是印度的老母嗎？

又針對中日對峙，中國說，中國軍機在宮古海峽空域的有關飛行活動合法正當，中國軍隊今後將根據形勢任務的需要，繼續組織類似遠海訓練。有關方面不必大驚小怪，過度解讀，習慣就好。真是一副老大的口吻。不過，五年前，十年前，三十年前，五百年前的遠海訓練從沒超過宮古海峽，到底哪個才是合法正當。老大，幾千年來，你從未越過宮古海峽耶？你突然今天要越過，你不會事先打個商量？……

再來，針對兩岸「對峙」，中國說，台灣是中國不可分割的一部分，承認九二共識，是兩岸交流互動的前提和基礎。台灣方面攜彈升空監視遼寧艦及中國軍機繞台部分，顯然是挑釁。什麼時候台灣成為中國不可分割的一部分，過去或現在？台灣曾被外族滿清以武力殖民二百餘年然後割讓給日本帝國。如果那段歷史硬要算，即同是被殖民的「漢民族」，憑什麼是中國大陸這一塊土地上不可分割的一部分？當時大

家都是滿人的奴才，大奴才不要翻身了，就胡說八道好不好？真是滿口荒唐，什麼九二共識，一副土匪頭子的口吻，一點現代社會的法律常識都沒有，更不用說毫無國際法的知識了。

這就是中國讓人錯愕、氣結和厭惡的原因，十足匪氣。因為整個文句或口氣，是上司斥責下屬，或強國霸凌鄰國，一副沒得商量。不乖，痛打你一頓。古代的中國或帝王，講話也沒如此無禮和「不通人情」。一代不如一代，十足匪徒。

以下我們再從三個角度或面向，分析一下，中國令人厭惡的原因。

第一章　政治經濟方面觀察

自從十幾年前的大國崛起、富國強兵有點成績，中國就開始得意了起來，言詞舉止也就開始過分和囂張起來。再加上在全球各地協助「開發」，替自己儲油備糧，厚積國力，當然也到處「得罪」人，不受當地人的喜歡。此無傷也，有

志者事竟成，一心一意朝二個百年的目標邁進。好一副意志堅定，寡廉鮮恥的自我辯解。因此，國內外海洋土壤和大氣河川的汙染也就無法兼顧，中國還辯嘴說，當今的歐美日諸國，哪一個國家不是靠汙染起家的？中國之起家，汙染乃必要之惡。再說，目前各國不也在汙染？以上遁辭是中國一貫使用的。小瘋三一個。再繼續瞎掰，譬如防止大氣汙染條約，美國不也不參加？中國人口是美國的五倍，汙染量或數據也還沒有超過美國 3.5 倍。例如二氧化碳排放量，中國目前才達 8.9bn 噸，美國 5.8bn 噸，敬請各國了解真相，莫胡亂指責。再說，老子就是繼續汙染，不然你要怎樣？

再以中國投資非洲為例。中國以「沒有附加條件」投資非洲，但此一招看似大方，卻抵銷國際社會對非洲「以經貿促政改，以經援換人權」的努力。其次，中國的投資也附上「另類條件」，即利潤需花在中國修建的基礎設施和購買中國商品。此根本是另類「一條龍」的經營方式。

曾任尚比亞總統的 Michael- Sata 於 2006 年競選總統時說：「我們要讓中國殖民者走開，讓以前的西方殖民者回

來……西方人至少還有人類的外表，中國人連人類的外表都沒有，他們只會掠奪和剝削我們。」（註2）

再談一談由於「官商勾結」等不上道公務員、商人和經營者所造成的笑話和由此遭受到的鄙視。

1960 至 2008 年中國共有一萬八千貪官逃至國外，當中以「美帝」美國最多，共約八千人外逃到此。2008 至 2016，正是中國經濟「大躍進」的八年，潛逃的貪官及其家人以及所潛遁出去的金額，更不知有多少，起碼不會少於一千億美金。又，習大大的打貪運動，約 428 名貪官已被中國當局用各種手段抓回，杯水車薪，聊勝於無。連一向給人印象良好的前總理溫家寶，其家族資產也逾 791 億。貪官汙吏是中國專制政體的雙胞胎。過去清不了，中國共產黨清得了，才怪。

中國的貪官如此，中國依特權暴富的大富翁們，其自私自利的行為當不遑多讓。

第二章　從社會文化面了解

　　中國是靠打倒地主惡霸、打倒孔家店、破舊立新等並立志除舊布新而起家的。除舊，指國民黨政權，布新指的就是自己──共產黨政府。中共 1949 年建政後，雖然一連串幹了運動，死了數千萬人，但至少仍在除舊的這一條大道上狂奔。世人仍帶著一絲絲的希望，希望能搞出個「新中國」來。不料，真是出人意外，五千年的深沉的闇黑力量將中國共產黨又抓回老路子。

　　2014 年上海 Human Research Institute 調查共 293 位的中國百萬及億萬富翁，發現 64% 已經或準備移民（中國現〔2016 年〕有 258 位億萬富翁，佔全球的三分之一）。2010年，由 Gates 和 Buffett 在北京所發起，邀請中國富人，在「取之於社會，用之於社會」的行動原則下，希望中國富豪將他所賺取的財富的一半在死前捐出來。此即有名的 "Giving pledge"。當時全球 122 位億萬富翁響應 Buffett 和 Gates 的號召。但在北京活動中沒有一位中國富豪信誓旦旦，要捐出他

的一半財產給予社會，場面好不尷尬。

中國的公益團體十餘年來在台灣和歐美慈善團體的推動下，也有著一定成長。不過在 2017 年中國嚴格管制所有的慈善和公益團體，特別是國際性的。理由是遵循黨中央的政策，嚴拒西方價值之入侵從而和平轉變中國。

換言之，我們所熟悉在台灣力行不輟的現代價值體系——諸如民主、自由、人權、法治（包括司法獨立）、永續經營等等，中國全加以拒斥，並視如蛇蠍。看來習大大要將中國重新帶回三皇五帝時代的皇權至上、酋長第一的簡樸社會；同時又要求工業無限發達，在人定勝天的原則下，打造一個 AI 至上，機械第一，汙染可以控制的高科技國家；最後，更期待中國人民在社會信用卡和網路等協助下，成為堂堂正正而又乖乖聽話的好國民，生活在國家所精心設計的「動物農場」和「超級實驗室」內。

現在的中國如前述，又開始重彈儒家老調，大談要屬行法治。可是基本的人權、自由和民主政治不談，法治不過是法制而已。這一套 rule by law 而非 rule of law 的把戲，幾

千年來的皇帝老爺在愚蠢的儒家士大夫和官吏主持下，早就快玩膩了。當然又是騙人的。接著當前的中國大概從國民黨那裡，學會如何腐化集權統治下人民的花招，而以低俗的三S（運動產業、明星產業和性產業）加上全國麻將運動、血拼運動等將中國社會帶入不具靈性和違反高文化（Haute culture），企圖將中國人塑造成無知、無禮和違反人類向善進化的低等動物。習大大等一干中國高官和中共高幹面對稍微富裕起來的社會，竟然走上國民黨統治台灣的老路子，愚民、順民之餘，重返中國古老的階層社會。和諧二字，當然極力提倡。但表面和諧的社會，在中國底下卻是不公正，無是非，和少數特權階級吃定大多數老百姓的不平等社會。

我們以為中國近百年來，根本無力無心改良那個醬缸文化浸泡中的古老帝國，甚至連自己本身也都被吞噬進去。這也是作者近年來對中國所抱持的、堅定不移的看法和多年來研究的結果。中國在中共的手裡毫無希望。到 2031 年為止，中國的共黨政府將從人間蒸發。

第三章　歷史心理方面推論

　　我們在第四篇再三說明和證明中國人的個性既不純真、憨厚，更沒有現代文明人的成熟和有禮。做為一個人，中國人的人格也在古代和近代愚民順民的洗腦式教育制度下，個人真正的性格並沒養成，人格也可說根基不固，很脆弱。因為如前所論，中國人不是在他個人依過一層層、一個個不同階段中逐漸從衝突、調適、學習、退縮、愛憎等慢慢培養成自己獨特的個性和人格的（refoulement）。個人成長過程中，適應不良，在西方就要請心理醫生。在中國的古代和今日，兒童個個聽話（早熟？）就好，而成人後只要成為共產黨的好黨員和中國的好人民就 OK 了。一連串的精心洗腦教育下，中國人被洗去個性，沒有自己主張或看法，不敢有信念有信仰。我們在前篇說過，中國人是沒有「自己」，沒有他個人的。這是沒有個人（individual）的社會和國家。中國人不管是高官是小民，個個表面極其和諧，又友好又恭順，但一瞬間，在不知道原委下，突然變了一個人（請參考孫隆基先生著名

的《深層心理學》和柏楊先生的《醜陋的中國人》大作）。中國人是沒有現代心理學上所了解的「獨特」的個人存在。

西方或現代人所了解的個人主義「individualism」，中國人不僅從來就沒有，而且中國共產黨目前正在全力撲殺「個人主義」和西方的那一套「普世價值」系統。

中國還有希望，見鬼！

不過中國並非一直是那麼令人討厭的。根據 2016 年 8 月 27 日《自由時報》的報導，日本內閣府「關於外交的輿論調查」顯示，1988 年，日本人對中國有親近感的佔了 68.5%；但 2015 年時對中國沒有親近感的躍升至 83.2%。在人權方面，和 1984 年相比，面對「中國目前的人權狀況變好了還是變壞了」的問題時，2008 年日本人有 85.4% 認為變好了，變壞了才 2.4%；但在 2016 年的調查中認為變好了，降至 46.2%，而變壞了則增至 23.7%。有關「三年後人權狀況會變好」的假設，2008 年時認同者佔 77.2%；2016 年則降至 31.6%。

在中國文化差序格局（即每個人在家庭、家族、團體社會中，皆有其一定的位置，不得躐等，有違古代儒家的次序

世界和今日習大大的「和諧社會」）是有著人種、地位、意識形態等等之分的。人權亦不例外。再舉一個維吾爾人 Ilham Tohti 教授（北京中央民族大學）爲例。Tohti 教授於 2016 年獲得 Martin Annals Award for Human Rights Defenders 大獎，而中國已早二年將 Tohti 教授以「分裂國家」罪名判處無期徒刑。當然在牢裡無法出席頒獎典禮。由於中國政府的乖常，該基金會主席 Dick Oosting 說了下面一段話：「目前情況眞正令人遺憾之處在於，中國政府藉由開除 Tohti 這股溫和的聲音，事實上是在爲其所宣稱希望防範的極端主義打下基礎。」（註 3）這段話對中國政府的描述再明白不過了。

中國在自掘墳墓而不自知，甚至還沾沾自喜，自以爲得計。

註　釋

——註 1

　　黃文雄：〈中國被討厭的七點理由〉（中国が嫌われる七つの理由），刊載於《文藝春秋》政論月刊 2001 年 10 月號「中國，這個麻煩的鄰人」（中国、この厄介な隣人）特集；翻譯可參侯榮邦：《榮邦文集》（台北：前衛出版社，2007 年），頁 200-213。摘要如下：

一、自我中心：自己以外的都不是人。

二、都合主義：即以自己利益、方便為考慮重點。他人的立場、利益等都放在第二位。

三、固執己見：壞的都歸罪他人。

四、推卸責任。

五、不信任他人：不可兩人一起窺井。

六、土匪國家。

七、危險的「友好」。

——註2

　　轉載自陳破空：《全世界都不了解中國》（台北：前衛出版社，2015年），頁42。

——註3

　　〈10大國際團體 獎頒伊力哈木〉，《自由時報》，2016年10月12日。

第九篇

中國

第一章　誰要侵略中國

　　從 2000 年起，中國決定走上大國崛起之路，當時還信誓旦旦地向世人表明這個崛起也一定是和平崛起。宣稱中國一定遵照鄧小平、周恩來等前輩的訓示，全力發展與各國合作，追求和平以及追求經濟發展；另一方面也會在和平的人蠢下，中國一定不稱霸、不追求擴張政策更不與他國結盟。中國要

的是和平的發展，要的是各國的資金和技術來協助中國，改革中國的落後，並且開放中國給全世界。這才是大國崛起的真諦。

　　果然，短短數年的時間，中國快速走上開發的大路。不過中國也一反「誓言」，逐步走上整軍經武和經濟「突發猛進」的大道。接著，端出要洗刷百年來的「國恥」運動，要與美帝分庭抗禮的戰略，要拒斥西方的「一切」價值系統，以防西方以和平方式將中國演變成小西方國家。突然，恐懼、不甘心、自大狂、自卑心理、妄想症等捕獲了中國。一股自戀的義和團自大症發作，重新拾起老祖宗的天子主義，而把西方的那一套民主自由甚至人權視爲毒蛇猛獸，不准進入中國的「聖域」，而一些「墮落」的言論自由、司法獨立、信仰的自由等等西方個人主義的毒素更一定要加以挑除和清洗。一個古老又嶄新的中國站起來了。

　　習大大上台後更規定了要團結、要純化共產黨、要堅定對黨交心，有關六四的眞相和毛澤東的歷史定位和功過等七大題目，全軍全國禁止公開或私下討論，這就是有名的「七

不講」。全國掀起孔子風，將過去孔門的三字經、弟子規拿來當作基本倫理教材，唐詩宋詞也普及學習，一時之間幾千年來中國老祖宗的那套「老玩意兒」或「吃人禮教」全又出土了。整套活寶，活脫脫是向台灣的國民黨政府學習。不過台灣已擺脫狹隘落伍和封建的孔子儒教而走上全面現代化的道路，在一甲子的高壓、專制、不自由、不公平的老式中華儒家教育和奴化後，台灣已全面迎向以民主自由和人權保障的現代化大道。看來，這兩邊的人民，口雖操華語（世界上唯二在正式國際場合講華語的國家），但人民已漸漸難以溝通，走上不同道路。

習大大一幫人更把義和團情結（complex）無限擴大。除了自恃是皇天貴胄，面對「夷狄」應該有所堅持和尊嚴；應當對四鄰宵小不能假以辭色；對美帝和西歐「諸夷」更不能示弱。這些患上義和團被迫害妄想狂的黨國高級權貴竟然進一步斷定以美帝為首，各國事實在圍堵中國。因此必須及早打破第一島鏈，進行反封鎖、反圍堵。於是乎一帶一路，各種突圍、反制和超越等政經戰略一一拋出。總之西方遲早著

手侵略中國，須及時反擊，已成了中國舉國奉行的最高指導原則。

　　不過我們好奇的是，誰要侵略中國？誰有膽量，誰有力量（美國除外）敢侵略中國？目前在全球化資本主義的發展下，幾乎可以說，各國之間有著牽一髮而動全身的緊密關係。戰爭——就算是小小的局部戰爭，都會造成資源喪失的不可彌補，以及雙方恩怨的糾集。只因為買賣鴉片的商務問題，中國就生氣了百餘年，到現在還拿來做自己擴軍和凌辱他國的基本理由。如果殺了人，像中國人一樣奇特而又記仇的民族或國家，豈不是跟你沒完沒了。如此，世界和平，豈非空談。二戰後的聯合國和一些新舊國際組織，七十年來也辛苦地做出一些正面和有利於世界和平的成績。譬如 2015 年 UN 千禧年發展目標（MDGs）三大軸為終結極端貧窮、追求公平正義、改善氣候變遷，以及其他 17 項目標。中國可有所聞？中國沒有看清此一事實，在聯合國耍脾氣，在與各國互動上，也耍流氓，真的令人不解。

　　核子時代，誰敢發動戰爭？中國核武發展是世界前三

名，誰敢捋虎鬚？誰敢侵略中國？誰想發動戰爭？

第二章　中國對世界文明的貢獻

　　中國近年來雖然表現出一副義和團被迫害妄想症病人模樣，但提起中國，世人倒不得不對他表示敬意的。中國此一大帝國從公元前 221 年起統一以後迄今，一半的時間仍是處在各地獨立的狀況，但主張尚古尚德主義的中華文化卻是屬意於大一統，皇帝或天子當然也主張大一統。於是乎不在大一統期間，彼此打仗死人，而在大一統時頭一甲子要武力取得大一統，於是征戰不斷，各個朝代大都順勢擴張大一統的領土。中原大　統底定後不久，差不多又過了一甲子，中央集權的政府和社會腐敗開始發生，國內的叛變內亂，國外異族的反叛或侵略，就又接著來臨了。五千年來，戰爭、內亂、武力抗暴、官逼民反等戰事，可說無年無之。（註1）

　　更確切地說，不幸的是這樣打打殺殺過了一兩百年，易

姓革命即另一股人揭竿而起，又起來掃平腐敗的特權階級而正式發動推翻舊（在朝）皇朝的偉業，長則十數年，全國人口先死個十分之一至四分之一，然後終於天下底定，群寇蕩平，新皇朝於焉建立。相同的天子專制集權主義，相同的權貴派閥政治，老套的官商勾結貪腐，不變的小農經濟制度一再重複。社會上下表面井然有序，社會流動緩慢，幾千年來中國人就在這種「一成不變」的每二、三百年一周期的腐朽社會生生死死。除了唐代還有點真正世界色彩外，所謂漢人建立的帝國，只能算在亞洲大陸偏安一隅的稱孤道寡，過乾癮而已。

宋（包括在內）以後，獨樹一幟的中國文化，已無法因應爾後的人間世變化，這才會發生滿蒙外族接連統治中原近四百年。以目前中國的作風和搞法，二十一世紀是中國人的世紀，如史景遷（Jonathan Spence，耶魯大學中國近代史教授）的說法，個人認為絕無可能。（註2）

我們說過中國先天上缺憾，即文化和制度有問題，亦即基因不良，再加上後天中國共產黨政府患上義和團被害妄想

症，中國要在科技知識、哲學思想等方面有所創新，我們說過了，很難。在西方人的科技文物上，修修改改，只要有著一定的教育和訓練，那是任何人都可以做得到的，中國人當然做得到。創新、基礎性的、原創性的，中國怎麼可能？除非改良基因。

中央集權制度加上沒有西方民主政治及其配套制度，如言論自由和司法獨立……，什麼都不用談；科技方面可能還能搞出一些新玩意，如當年的蘇維埃、今日的中國；但如果漢字不改，還在利用孔子那一套洗腦，還在用黨意教育人民，這些新舊基因大概就要敲響中國政權的喪鐘了。小孩耍關刀，義和團員玩核彈，中國還有前途？

因此中國交不出新思想、新哲學，甚至新科學、新的科技軟體，依我看，中國共產黨不把世界帶向浩劫，就已經是上上大吉了。

我們順便舉兩位台灣的知識分子對中國所做的呼籲。一是在澳大利亞大學擔任教授的邱垂亮先生，他清楚地指出中國根本是站在錯誤歷史的一邊。（註3）

另一位也是鼎鼎大名的作家龍應台女士。她對前中國共
產黨主席胡錦濤公開質問的一封信「請你用文明告訴我」（註
4），讀者不妨細讀，一定會有點心得和收穫。

第三章　人類未來的希望

看來，中國是世界的毒瘤，一種急性的癌症腫瘤，並且
是已到了癌症末期。因爲他抗爭，不服現有的世界秩序和財
富分配。他努力力爭上游，略有小成，就露出落伍和偏見的
中華文化本質和土匪的作風。前者沒有地球一家的胸襟，更
沒有合作的精神，後者說明先天根柢不良，非得徹底根治不
可。

個人不看好中國今後的發展，2031 年以前可能依匪性而
鋌而走險，只可憐了那些無辜的中國人民。世界的未來，原
本就不怎麼令人樂觀。地球的暖化、核武器之無法有效控制，
愚夫狂人式的政治領袖層出不窮和恐怖主義肆虐，再加上人

性之趨於低俗、功利、殘忍和墮落，這些都令人憂心。唉，不說了，習大大，你就做做好事，不要鬧了。（註5）中國人，清醒吧！只有你們能救自己和救中國。

註　釋

──註1

　　中國幾千年來，仔細數一下，幾乎年年在戰爭（國內的平亂平番和邊境的戰爭等），稍一平靜，因了政府的腐敗，地方盜賊又開始橫行了。

　　中國人民沐浴在偉大的帝國榮光下，這是事實，但是這些榮光是廣大的，被統治階層是享受不到的。這些榮光，也只有皇親國戚和屬於上層統治支配階層或階級才親炙得到的。

──註2

　　請參考史景遷大作（譯）〈黃帝的星球──廿一世紀為中國人的世紀〉，載《聯合報》，1999年12月26日，p13。摘

要結論如下：

上一個中國人的世紀是十一世紀。十一世紀的中國是世界上領土最廣大，行政效率也最高的國家。科技革新，工業進步，農業發達，教育與行政實驗普及，外加宗教和哲學的寬容，在在都是中國領袖四夷的原因。中國後來沒落，主要是因為面臨外患之際，適逢軍力薄弱，政府捨對抗而不由，一味改採納貢綏靖之策，國勢遂告陵夷。對內削減兵力，強幹弱枝，對外稱臣求和的政策，最是致命。只要中國能有效防禦邊界，抵抗外力入侵，再善加優勢，重新發揮九百年前的優點，稱二十一世紀為中國人的世紀，誰曰不宜？

以上文章係史氏 1999 年 1 月 5 日應聯合報文化基金會之邀，與中研院院士余英時進行「1898 至 1989 年一世紀交替中的中國知識分子」跨世紀座談會新發表的。史氏最後結論是「只要中國能有效防禦邊界，抵抗外力入侵，再善用優勢，重新發揮九百年前的優點」，如此「稱二十一世紀為中國人的世紀，誰曰不宜」。

問題所在，二十一世紀是否為中國人的世紀，前題為 1. 無

外患：2. 重新發揮九百年前的優點。假設史氏論述為真，請問：

    a. 今日誰要侵略中國？誰敢侵略中國？誰敢跟中國一拼核子戰？大概沒有。

    b. 發揮九百年前宋人在思想哲學的開放（中國歷史上第一次新學問如新儒學的產生，在其他文物，國際貿易的發達等等），今日中國，這些都被在思想哲學上歸類為西方的「邪說」；中國又一頭栽入孔子和遁入義和團。個人看法，二十一世紀是中國從世界輿圖消失的世紀。

——註 3

    請參考邱垂亮〈中國在歷史錯誤的一邊〉，刊載於《自由時報》，2010 年 12 月 26 日，p14。

〈中國在歷史錯誤的一邊〉（節錄）

    二十一世紀前夕，192 個國家裡有 119 個有全民選舉政府領導人機制的民主政治。另外還有 35 個國家被自由之家列為「半自由」，可能在未來幾年走向自由民主化。這是現代人類耀眼的成就。

    1999 年，世上 192 個國家中只有 48 個是不自由的國家，

其中以中國最受矚目。在二十一世紀前夕，中國是站在歷史錯誤的一邊。以目前來算，全球有五分之三的人類生活在民主社會，如除去中國的十二億人口，只有15%的世人還生活在非民主自由的國度裡。所以，中國的民主化不僅對台灣非常重要，對整個世界人類的前途都有建構命運共同體決定性的重要性。俄羅斯已開始有全民選舉國家領導人的民主機制，這次國會選舉，可說初步成功，但仍須觀察明年總統大選。如果中國不再頑抗歷史潮流，並順應民主大趨勢，從善如流走上自由民主現代化的時代大道，絕對是中國、台灣、亞洲與全球人類的大幸大福。

——註4

龍應台〈請用文明來說服我——給胡錦濤先生的公開信〉，刊載於《中時電子報》，2006年1月26日。

〈請用文明來說服我——給胡錦濤先生的公開信〉
（節錄）

促使我動筆寫這封信的，是今天發生的一件具體事件：共青團所屬的北京《中國青年報》、《冰點》週刊今天黃昏時被勒令停刊。

在此之前，原來最敢於直言、最表達民間疾苦的《南方週末》被換下了主編而變成一份吞吞吐吐的報紙，原來勇於揭弊的《南方都市報》的總編輯被撤走論罪，清新而意圖煥發的《新京報》突然被整肅，一個又一個有膽識、有作為的媒體被消音處理。這些，全在您任內發生。出身共青團的您，一定清楚《冰點》現在的位置：它是萬馬齊瘖裡唯一一匹還有微弱「嘶聲」的活馬。

今天封殺《冰點》的理由，是廣州大學袁偉時先生談歷史和教科書的文章。因為它「和主流意識形態相對……攻擊社會主義，攻擊黨的領導」。而「毀」掉了一份報紙的袁偉時先生的文章，究竟說了什麼的話，招來這樣的懲罰？

我認真讀了這篇文章。袁偉時以具體的史實證據來說明目前的中學歷史教科書謬誤百出不說，還有嚴重的非理性意識形態的宣揚。譬如義和團，教科書把義和團描寫成民族英雄，美化他對洋人的攻擊，對於義和團的殘酷、愚昧、反理性、反現代文明以及他給國家帶來的傷害和恥辱，卻隻字不提。綜合起來，教科書所教導下一代的，是「一、現有的中華文化至高無上。二、外來文化的邪惡，侵蝕了現有文化的純潔。三、應該或可以用政權或暴民專制的暴力去清除思想文化領域的邪

惡」。對於這種歷史觀的教育，袁偉時非常憂慮：「用這樣的理路潛移默化我們的孩子，不管主觀意圖如何，都是不可寬宥的戕害。」

您說我這個台灣人看見什麼？

我看見這個我懷有深切厚重情感的「血緣家國」，是一個踐踏我所有「價值認同」的國度：

它，把真理當謊言，把謊言當真理，而且把這樣的顛倒制度化。

它，把獨立的知識分子當奴才使用，把奴性的知識分子當家僕使用，把奴才當──啊，它把鞭子、戒尺和鑰匙，交到奴才的手裡。

它面對西方是一個臉孔，面對日本是另一個臉孔，面對台灣是一個臉孔，面對自己，又是一個臉孔。

它面對別人的歷史持一個標準，它面對自己的歷史時──錯了，它根本不面對。它選擇背對自己的歷史。

它擁抱神話，創造假象，恐懼真相。他最怕的，顯然是它自己。

請用文明來說服我。我願意誠懇傾聽。

——註 5

物極必反，大破大立，2031 年的崩潰，說不定，再過七十年（約在 2101 年時），在一片廢墟中，建立起來的小國家中，有幾個表現特佳的，可以考慮主動邀請中亞五國和東亞日然，甚至越南、台灣，共同組成一個中東北亞聯邦（CEAC，Central Eastern Asian Confederation），集中智慧和力量來和其他區域組織，如歐盟、東南亞協力國（及澳紐）等，彼此在平等、尊重、和平上，相互合作，提升人權和永續經營。

後　記

　　本書是一本大膽的書，因爲它預測中國在 2031 年會崩潰。中國的崩潰一定會傷了好多人的心，也會嚇壞好多人。以中國目前義和團式的行事，豈不是一定會孤注一擲，引爆戰爭？以中國幾千年來幾乎年年戰爭的歷史和中華文化中隱藏著的惡靈——如土匪的殘忍性格和瘋三的無恥個性，中台一戰幾乎是不可避免的了。

　　2006 年，個人到美國洛杉磯參加台灣基金會二十週年年會，會中發表的演說中第一次正式提出中國崩潰的預測，講題「2031 閏 3 月」，細說如果中國沒採用當今世界文明價值系統，逐步有計劃地改造中華文化和文明，努力以現代世

界的人文人權和民主自由等理念重新教育中國的民眾和下一代，迨 2031 年恐怕中國就不存在在這個世界上，或者說世界之大，絕無目前這個走上軍國主義和走回頭路（一黨專制和警察國家）的中國了（當時還沒料到不到十年，中國「進步」到成了土匪國家和義和團社會）。人類往何處去？人類還有希望嗎？地球還可運轉多久？

希望中國能努力吸收現代文明的精華和消化、祛除醬缸文化中已完全不合時宜的元素，假以時日，中國融入世界，負擔起全球四分之一的人口的應盡責任，不要成為其他國家的負擔。但這些願望都落空了，請參考 2014 年 9 月，紐約的記者中的中國通們舉行一場 "Has American Media Misjudged China ?" 研討會。研討會的結論是不折不扣的「是的」。這些中國通都誤判中國，都弄錯了。（註 1）把中國說得好像西方世界中乙員，懂得從錯誤中學習，認眞面對眞相，會努力朝向民主法治的國家和社會邁進。

上述研討會前兩年，習大大上台，中國已穩穩由「和平的」大國崛起，乾脆直接自稱爲大國崛起，從而向世界要求

一個大國所應享有的恰如其分的權利和地位。2013 年 5 月中旬，習大大更以內參方式分發至各大學等有關單位，「以下七個議題爾後不宜公開討論和研究」。這就是著名的「七不講」文件。此事一出，中國不走西方的民主道路，不走市場經濟而改為黨國資本主義等等一系列的走回頭路，抗拒西方的接觸並斥之為妄圖對中國進行「和平演變」。最後十九大之前，全國更以被壓迫被虐待之義和團變態狂為基底，來與世界各國周旋。反正天下之大，擾攘不安，正容我中國趁勢而起，建立起中國有史以來第一大帝國。

人類往何處去？人類還有希望嗎？

就算中國今後朝現代化的方向走，建立了一個現代文明的社會和國家，也避開像現在一樣遭人誤解和討厭，也沒走上義和團式的自大和瘋狂，但中國一國的努力也不能解決此一國際性問題。我們認為，就算數百年後，世界 95% 以上的國家都走上民主法治，80% 以上的國家都隸屬中產階級社會，但如果沒有產生出新的信念、哲學和努力，沒有個人、團體、國家和國際組織的努力和合作；如果沒有企業和 NGO

的自制和合作，地球此一星球還會是問題一籮筐的。這意思是說現今的西方（世界）文明，並不是解決地球和當今國際關係和政治的萬靈藥。但目前的現代價值體系及其制度或組織（institutions）卻一定是帶領我們朝向更寬廣、更寬容、更理性、更科學、更富愛心、更和平等的制度的良性機制。何以見得？因為這些現代的價值和制度是從文藝復興以後，花了整整五百年的嘗試與失敗，多少回戰爭和偏見，死了多少人才證明它們是可堪使用的。但人類要進一步進入更高層次的社會和文明，還需全力的努力。再說一次，中國拒斥此一價值和制度而以已腐爛和退化的老祖宗價值和制度想去奮力一搏，不可能的。中國共產黨發瘋了！中國共產黨把中國玩完了！我沒有咒詛，只有同情，頂多只扮演一隻老烏鴉的角色。

中國由改革開放以三十年的時間走上大國的道路，令世人為之側目。不幸和當年的日本明治維新一樣，卻選擇走上軍國主義的道路，但日本卻有幸在廢墟中建立了現代化的價值和體系而倖存。中國，2031 年，會將因為腦袋瓜和皇朝體

制，一起葬送在歷史的洪爐中。共產黨與古老中國，一路好走，不送了！

註　釋

——註 1

　　"Has American Media Misjudged China?" 研討會（2014，紐約），五件主要事件（events），這些中國通通通搞錯，並且大錯特錯，害死人。

一、鄧小平不至於對天安門廣場年輕人動武；

二、相信中國富裕後，西方式的民主制度將會萌芽；

三、中國的中產階級擴大後，civil society（市民社會）將會逐步建立；

四、中國在未來，推定會成為國際社會的負責任的參與者（stackholder）；

五、中國對香港會信守「一國兩制」的承諾五十年。

透視中國
118

中國教父習近平

中國異議作家 余 杰｜著

鞏固台灣民主，先從認識
「黑幫」中共與「教父」習近平開始。

本書詳盡梳理習近平的家世、教育背景、文化基因和仕途履歷，更詳盡剖析習近平的性情、語言、思想，揭示了知青一代執政依託的意識形態，還是毛澤東以來的民族主義和民粹主義：對內鎮壓、對外擴張，其標榜的「中國夢」宛如納粹「第三帝國夢」翻版。

2014.04　前衛出版　定價500元　　前衛出版
AVANGUARD

全世界都不了解 中國人

陳破空 著

请勿插队
请保持安静
请不要用手触摸

透視中國 119

前衛出版 AVANGUARD

2015.11 前衛出版 定價300元

中國崛起了，但為什麼中國人普遍不受歡迎？

本書著墨於當代中國人，兼論古代中國人。
從官場政治到庶民樣貌，自國際世界透視中國內裡，
展示「中國」複雜而矛盾的價值觀與心態，
更挖掘其劣性根源，完全解剖專制制度下扭曲的中國性格。

透視中國
120

走向
帝制

習近平與他的中國夢

中國異議作家

余 杰｜著

銅鑼灣風波，港版「被夭折」──
全球唯一台灣繁體中文版，突圍面世！

集權、反腐、鎮壓、爭霸

從法西斯主義與中國帝制時代的天朝史觀當中孕育而生，對內維穩、對外擴張的
「習近平主義」，將帶來中國的崛起，還是全世界的危機？台灣與香港又該如何因
應？繼《中國教父習近平》後，中國異議作家余杰揭露「習近平主義」又一力作，
預告極權主義的末路，見證中國民眾的覺醒，以及香港與台灣民眾對民主、自由與
獨立的渴望與追求。

前衛出版
AVANGUARD

2016.03 前衛出版 定價500元

透視中國
121

東突厥斯坦
維吾爾人的真實世界

EAST TURKISTAN

霍爾・唐日塔格 ___著

前衛出版
AVANGUARD　2016.09 前衛出版 定價450元

EAST TURKISTAN

**華文世界第一部從維吾爾民族的角度出發，
完整闡述東突厥斯坦（新疆）真實歷史、政治、文化
與獨立建國運動的重要著作。**

「維吾爾族」是東突厥斯坦的主體民族，世世代代居住在天山
南北麓地區。歷史上，東突厥斯坦雖曾兩度遭到漢帝國與唐帝
國的短暫征服，但更多時候卻是獨立的主權國家。然而十九世
紀受滿清屠殺征服後的一百多年裡，「新疆」開始無數次的獨
立運動，在一九四九年後的中共統治下，更慘遭無情的踩躪與
迫害。本書揭露被扭曲的東突歷史，呈現東突人民真實的生存
處境，與追求獨立的想望。

國家圖書館出版品預行編目 (CIP) 資料

2031 中國崩潰／王世榕作 -- 初版 . -- 臺北市：
前衛，2017.12

176 面 ； 15x21 公分 . -- （透視中國 ；123）

ISBN 978-957-801-835-8（平裝）

1. 中國大陸研究　2. 政治發展

574.1　　　　　　　　　106022212

2031 中國崩潰

作　　者　王世榕
責任編輯　林雅雯
美術編輯　李晏甄
封面設計　黃聖文工作室

出 版 者　前衛出版社
　　　　　10468 臺北市中山區農安街 153 號 4 樓之 3
　　　　　Tel：02-25865708 ｜ Fax：02-25863758
　　　　　劃撥帳號：05625551
　　　　　E-mail：a4791@ms15.hinet.net
　　　　　http://www.avanguard.com.tw
出版總監　林文欽
法律顧問　南國春秋法律事務所
出版日期　2018 年 1 月初版一刷

經 銷 商　紅螞蟻圖書有限公司
　　　　　臺北市內湖區舊宗路二段 121 巷 19 號
　　　　　Tel：02-27953656 ｜ Fax：02-27954100
定　　價　新台幣 200 元

＊請上『前衛出版社』臉書專頁按讚，獲得更多書籍、活動資訊
　https://www.facebook.com/AVANGUARDTaiwan